Sweet and Enchanting Stories

compiled and edited by

Aziz Rohani

'Abdu'l-Bahá

Table of Contents

11   Introduction

Section A: Bahá'í Stories Told by the Friends

17   Remembering Hand of the Cause of God, Abu'l-
        Qásim Faízí
18   Story of the Purchase of a House of Worship
            Property
                                            Mr. Zabíh
21   Old Man and the King
23   Rock Sugar Cone
                                        Khalíl Ardikání
25   Jináb-i-Abu'l Fadá'il Embraces the Faith
27   'Abdu'l-Bahá's Wedding
                                        Húshang Mahmúdí
29   'Abdu'l-Bahá in America
                                        Kámrán Sahíhí
31   Khalíl Ardikáni's Dream
                                        Fádil Ardikání
32   The Sick Man and the Turkish Doctor
33   Qualities Pleasing to Bahá'u'lláh
                                            Mr. Faízí
34   Nabíl and Málmírí
                                        Kámrán Sahíhí
35   A Story about the Companions
                                            Mr. Zabíh
36   A Story from Nabíl
                                            Mr. Zabíh
37   The Haifa Doctor
                                            Mr. Zabíh
38   Russian Czar's Supplication
                                        Adib Taherzadeh
40   Mr. Faízí's Poem
                                    Abu'l-Fadl Rahmání
41   Collins Gate
                                            Mr. Zabíh
43   Pilgrim House in Haifa
                                    Abu'l-Fadl Rahmání

48   The Mask

                                        Dr. Ziá Baghdádí

49   The Peacock Egg
50   A Smiling Dervish Embraces the Faith

                                        Abu'l-Fadl Rahmání

54   Practice
56   Mandarin Oranges from the Blessed Precinct

                                        Húshang Zargarpúr

57   Figs
59   Siyyid Sádiq

                                        A.H. Ishráq Khávarí

62   The First Pilgrim House in 'Akká

                                        Mr. Zabíh

64   The Priest and Hájí Mírzá Haydar 'Alí
65   Azal and Mishkín Qalam
66   The King and His Minister

                                        Hájí Mírzá Haydar 'Alí

68   Hájí Karím Khán
69   Shaykh Mahmúd-i-'Iráqí

                                        Mr. Zabíh

72   The Jew's Prayer
73   House of the Báb in Shíráz

                                        Missagh Noureddin

Section B: Dr. Ziá Baghdádí's Memories

77   Story of Ayáz
79   Purchase of Land for Access to the Shrine of
            the Báb
81   Salvation is in Truthfulness
82   Jamíl Effendi
83   The Prince and the Preacher
84   The Sign of Stupidity
85   Country
86   Prejudice
87   Eastern Clothes
88   'Abdu'l-Bahá's Eating Habits
89   Dr. Van Dyke
90   Divine Inspiration and Satanic Instigation
91   Buhlúl's Quilt
92   The Sand and the Layer
93   Sharing of One's Wealth Willingly
94   Trustworthiness

95	Absolute Certitude
97	Sin
98	An Anecdote about 'Abdu'l-Bahá
99	The Clever Indebted Farmer
101	The Fan
102	Catholics' Attitudes
104	A Funny Story about Caesar
105	Preparing for the Next World
107	Sa'íd and the Blind Shaykh
110	Conditions of Salvation or the Power of Persuasion
113	The Newspaper Editor and Onions
114	Halwa with Pepper
115	Electric Light
116	The Timid Káshí
117	Marriage Customs
118	Departing Iran for Baghdád
119	'Abdu'l-Bahá's Dream
120	Aptitude for Learning
121	Hunger
122	Trustworthiness and Honesty: The Story of Hájí Sadíq
124	The Devil Philosopher
125	Youth and Old Age
126	The Walls of Paradise
127	Properties around the Holy Precinct

Section C: Bahá'í Sources

131	Absolute Self-Abnegation
	Mr. Faízí
132	'Abdu'r-Rahím of Bushrúyih
	Adib Taherzadeh
134	Ustád Ismá'íl 'Ubúdíyat
136	Nabíl in Prison in Egypt
139	Kings Embracing the Faith
	'Azíz'u'lláh Sulaymání
141	A Story about the Life of Jináb-i-Hájí Mírzá Siyyid Muhammad, Uncle of the Báb
	Fírúzih Abrár
143	The Bath
	Dr. Yúnis Afrúkhtih
145	Self-sacrifice
	Mr. Furútan

146   Hájí Muhammad Taqí-i-Nayrízí

from Málmírí's Memoirs

150   "Sharaq" Story

Dr. Yúnis Afrúkhtih

152   A Six Year Toil

Dr. Yúnis Afrúkhtih

Section D: Three Non-Bahá'í Stories on Virtues

157   The Talking Parrot–an Old Fable
160   Luqmán-ibn-i-Munzar
164   Pure Love

Introduction

One of the Iranian traditions has been storytelling and recitation. In teahouses, professional storytellers have long practiced this tradition. Gradually, the practice was picked up by families who would pass the time telling stories around the family Kursí*, with a grandmother or grandfather assuming the role of storyteller.

When Bahá'u'lláh was in Baghdád, He would often visit teahouses at the riverside, where storytelling took place, in order to promulgate the Cause of God.

In my childhood, my grandmother would come from Sháhrúd to Tihrán to visit us once or twice a year. Whenever she came, storytelling around the Kursí was a favorite pastime and she would mesmerize us with fairy tales and stories about the beautiful princess, and stories from the *Book of Kings* and *One Thousand and One Nights*. During her stay, the stories would be repeated several times as she would tell them so enchantingly that we would insist upon it even though it was repetitious.

Storytelling has a respected position in Iranian culture; often kings would have court storytellers to keep them entertained in the evenings. Sháh 'Abbás, the Safavid, would sit in an upper chamber in the Chihil Sutún Palace among his courtiers listening to storytellers' recitations in a special room down below, equipped with special sound-conveying pipes, carrying the sound to his chamber. Most stories would be epic poetry, often conveying moral messages.

---

*Kursí is a traditional Iranian heating system. A charcoal heater is placed under a low table and a huge quilt is draped over the table with seats placed around the table. This serves as a favourite gathering place and the centre of activities on cold evenings.

When my sisters, brother and I were older and married and had children, my children would often ask me to tell them stories on long winter evenings. Being weary after the day's work and concerned that the children attend to their school work I would not usually agree to their request, but on holidays and weekend evenings I would consent and entertain them. Whenever I found Bahá'í story books I would utilize them for this purpose.

Time passed; the children grew up and got married and had their own children, blessing me with twelve grandchildren. In 1969 we immigrated to Canada. Now it was the grandchildren who would ask me to tell them stories. As they did not know Persian well, I would often have to use very simple language in telling them stories. Mostly these were Bahá'í stories. Once, a Victoria area Local Spiritual Assembly organizing a gathering asked me to tell a few stories. My presentation was warmly received. Similarly, at a gathering in the presence of Amat'ul-Bahá Rúhíyyih Khánum, I was honored to tell a short Bahá'í story, which received her warm encouragement.

On a trip to the South of France I met a dear old friend, Mr. Amír Farhang Ímání, and shared with him my wish to put together a collection of stories. He encouraged me and gave me a copy of an eight hundred page memoir of Dr. Zíá Baghdádí in Arabic, containing many stories. Dr. Baghdádí had spent some ten years in 'Abdu'l-Bahá's presence recording his memoirs daily. 'Abdu'l-Bahá was wont to relate wonderful stories during His conversations and discourses, lifting the spirits of His audience. Dr. Baghdádí recorded these stories. I was much obliged to Mr. Ímání to receive a copy of such a wonderful book.

When I returned to Canada, I asked a few friends to get together once a week, reading and translating stories from these memoirs. When the translation into Persian was nearing completion, it occurred to me to have them translated into English as well, which was accomplished with Ehsan Erfanifar's assistance. My thanks to him and to Mr. Akbar Fana'ian and Mrs. Naghmeh Rahmánían who assisted with the Arabic-Persian translation, and to Mr. Enayat Bahrami for copy transcription of the stories. It should be noted here that some of the stories have previously appeared in other books but such stories are still enjoyable even repeated. I hope the reader will view this book with forgiving eyes; I am not a writer and my profession entailed working with construction material.

Aziz Rohani
Victoria, Canada

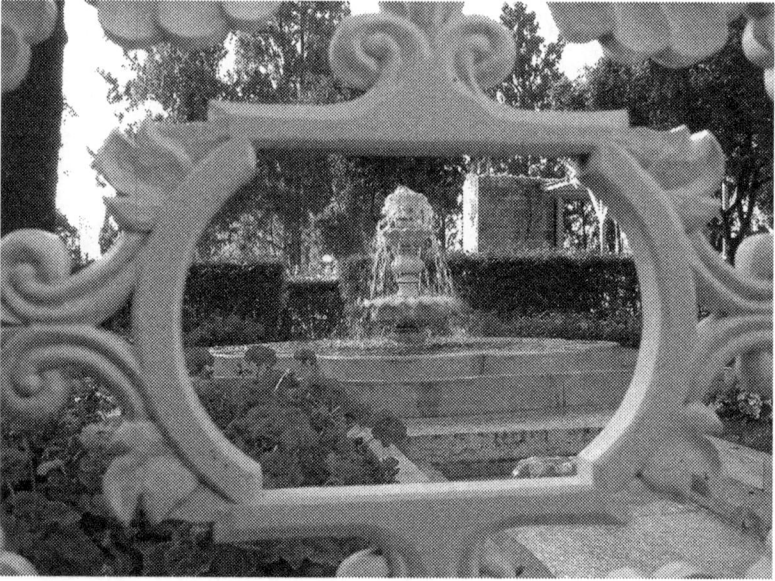

A fountain in Ridván Garden

Section A

Bahá'í Stories Told by the Friends

1

Remembering Hand of the Cause of God, Abu'l-Qásim Faízí

One day the beloved Hand of the Cause Mr. Faízí went to visit his ailing friend in Namází Hospital in <u>Sh</u>íráz. The sick friend was asleep and Mr. Faízí was reluctant to call and wake him up, so he wrote the following poem and placed it on the sick friend's pillow: (poet unknown)

Though my share be mere thistle of the rose-garden
I will cherish it as mine eyes, since my beloved giveth me it.
'Tis not but one gardener who tendeth the rose and the thistle
He giveth this to one and that to the other.
If he poureth sweet wine in one cup and bitter in another,
Both come from the self-same wine-maiden.
Unity or separation, bitter or sweet, sting or honey
Whatever be our share, the same is ordained by Him.
Suffering or ease, light or darkness, good or evil
Whatever be one's lot, 'tis given by His decree.
Good or evil is merely a reflection of man's imperfect perception,
For naught but bounty and blessing come from Him.
Embrace thou whatever cometh to pass, pain or healing,
For sooner or later 'tis not but goodness and ease.
Whether thou walkest uphill or down
In a blinking of an eye, the way is fared.

2

Story of the Purchase of a House of Worship Property

During a pilgrimage to the Holy land, Mr. Zabíh re-
lated the following:

During her stay in Haifa, Amelia Collins was often
honoured to be in the presence of the Beloved Guardian
and was profoundly enamored of Shoghi Effendi, always
desiring to render some service. She stayed in a room
beneath the beloved Guardian's bedroom. One night she
noticed that the light in the Guardian's room was still on
even though it was late into the night. Past midnight,
when she awoke, she noticed the light still on. At five
o'clock, again she found the light on and guessed that
the Guardian had stayed up all night without any sleep.
She was puzzled as to what might be troubling him, that
he would not have slept even for an hour.

Early in the morning she knocked at the Guardian's
door requesting permission to enter, which was granted.
Amelia entered and stated bluntly, "Beloved Guardian,
you didn't sleep at all last night. What is happening; what
is wrong?" The Guardian replied, "I was busy and I was
praying." Amelia insisted and said again, "I think some-
thing new has come up, please share it with me so that
it might lighten the load of what is troubling you." After
much persistence the Guardian said, "There is a piece of
property, blessed by the foot-steps of Bahá'u'lláh, belong-
ing to the Israeli Government, which has put it on the
market for sale. The Christian community is quite inter-
ested to purchase it but the government has told them
that they own a lot of properties on which they have not
done any improvements, but Bahá'ís improve any prop-
erty they acquire; so this property would first be offered

to the Bahá'ís and only if the Bahá'ís do not buy it, it would be sold to the Christians. The Government has offered it to me for sale and I would like to acquire it for a house of worship but I do not have the funds and do not wish to write Iranian friends again to send money. The time is short. I am concerned as the deadline is next Thursday and if I can't buy it the opportunity is lost." Amelia asked to leave.

Immediately she went to the telegraph office and sent an urgent wire to Argentina and asked her agent to sell her mining shares immediately at whatever price and send fifty thousand dollars to Israel before Thursday. The agents sold the shares at half price, and notified Amelia and sent the funds in time. Amelia went to the beloved Guardian on Wednesday with the funds. The Guardian was exceedingly happy to be able to purchase the land blessed by the footsteps of Bahá'u'lláh. Only three people knew about this: The beloved Guardian, Rúhíyyih Khánum and Amelia.

Some time later, the Guardian ordered a marble obelisk to be erected in the center of the property. The obelisk arrived in Haifa, sadly after the passing of the Guardian. The obelisk was stored near the property, at the instruction of the Hands of the Cause. After the establishment of the Universal House of Justice, it was decided to carry the obelisk to the property in order to install it in accordance with the Guardian's wishes.

Necessary preparations were made and one night the obelisk was loaded by crane on a truck headed for the site. The route that led to the House of Worship site passed through a narrow street, which was somewhat blocked that night by two parked cars. As this was the only access route the cars were lifted and moved by hand, making way for the trucks and crane to pass. Once there, the obelisk was hoisted up but the crane holding it suddenly snapped, dropping the obelisk, breaking it into two pieces.

Everyone was stunned and motionless and quite concerned. A Hand of the Cause suggested that they get closer and examine what had happened. Closer examination revealed that the obelisk had a very clean break as if cut by a knife and each piece fell to one side. Looking closer they noticed an inscription: "Amelia Collins" just at the break point. They realized that the obelisk had been originally made from two pieces joined together with the inscription hidden inside the joint. No one there at the time could offer an explanation and everyone was happy that it wasn't broken, and that it could be joined again and secured.

The next day when they visited Rúhíyyih Khánum they related the event, requesting clarification about the inscription. She shared the story of the purchase of the property and the Guardian's decision to install the obelisk in recognition of Amelia Collins' sincere and loving services.

Mr. Zabíh

Mr. Zabíh

3

Old Man and the King

One day 'Abdu'l-Bahá went to 'Akká and visited the friends. Festive refreshments on the table indicated a birthday celebration for one of the believers—an American lady. 'Abdu'l-Bahá was asked to guess her age. He guessed an age younger than what she was. She was pleased and said to the Master that she was older than that. He replied that he gave a younger age wishing her to live longer and to serve the Faith more years. She stated that she had been a Bahá'í for nine years and ever since she had been feeling younger every year. 'Abdu'l-Bahá responded that she was correct and in reality she was only nine years old. Then He related the following story:

One day, a king was walking in the palace gardens in the company of the courtiers. He saw an old man planting a date palm tree. He asked the old man how long it would take for the tree to bear fruit. The gardener replied that it would take at least twenty years. The king said: "But you will not be alive at that time to partake of its fruit." The old man replied, "These date palms in your garden were not planted by me; others have planted them and now we enjoy the fruit. Now I plant and others will eat its fruit." The king was pleased with this reply and awarded him a bag of gold coins. The old man knelt and thanked the king and said; "Not only did I have the bounty of planting the tree but I am also partaking of its fruit so soon, and especially from the king's hand." The king was more pleased with the response and gave him yet another award. The gardener again knelt politely and said; "O, Your Majesty most trees bear fruit but once a year. Yet, the tree I have just planted has borne fruit twice. Not only did I not have to wait for twenty years but enjoyed its fruit twice." The king was more pleased and asked him how old he was. The old man replied; "Twelve years." The king looked at him surprised and said; "How could this be; you are much older than twelve."

The old gardener bowed and said; "Before you there was an unjust king in our land and during his reign everyone was sad and miserable. There was always war and wretchedness. I do not count those years as part of my life and take into account only the years I have lived under your rule, because these have been years of peace and prosperity." The king was once more pleased with man's reply and gave him a further bag of gold coins, and then said to his courtiers; "We should tarry here no longer; the gardener speaks so sweetly that if I stay any longer I would have to bestow upon him the whole treasury and all my possessions."

4

Rock Sugar Cone

Mr. Kámrán Sahíhí related to me that Khalíl Ardikání in his memoirs states that he served 'Abdu'l-Bahá for some years and was a devoted lover of the Master. One day a pilgrim brought a rock sugar cone (in those days it was popular to press sugar into a large cone-shaped piece which would then be broken into lumps for consumption) for 'Abdu'l-Bahá. 'Abdu'l-Bahá instructed Khalíl to take the cone and break it down and distribute it amongst the servants. Khalíl followed the instructions, wrapped portions in paper, distributed them and returned, reporting to 'Abdu'l-Bahá that he had given everyone a share. 'Abdu'l-Bahá asked Khalíl, "Then where is my share?" Khalíl was very embarrassed as he had not thought 'Abdu'l-Bahá wanted any.

While 'Abdu'l-Bahá was in his room, Khalíl took a piece of wrapping paper and took a piece from everyone, made a portion for 'Abdu'l-Bahá and offered it to the Master. 'Abdu'l-Bahá took a piece, gave it to Khalíl and asked him to break it into four pieces. Khalíl looked bewildered. 'Abdu'l-Bahá said, "Khalíl, there is a mouse in this room. I want these pieces for the mouse. This one is its share. Haven't you seen it? It is a pretty white mouse."

Khalíl obediently divided the sugar into four and brought them back. 'Abdu'l-Bahá who was seated at His desk placed one small piece on the desk. Khalíl who was standing there at attention suddenly noticed that the mouse came, climbed up the desk, got the sugar and started eating it. Khalíl says: "I was uncomfortable and wanted to get rid of the mouse be any means." But the Master said: "You must not harm or kill any animal around here. This mouse harms no one." The mouse ate the sugar and left. Khalíl was still uncomfortable about the mouse being there. After a while the Master called Khalíl and asked him to capture the mouse and without hurting it, take it to Him. Then He said to Khalíl "Take it to the gate and free it." Khalíl asked the Master: "Beloved Master, what made you decide to remove the mouse?"

'Abdu'l-Bahá replied: "This mouse is pregnant and this room is not suitable for such developments." Khalíl took the mouse to the gate and set it free. He says that no one was allowed to ever kill any such pests around holy places.

Khalíl Ardikání

5

Jináb-i-Abu'l Fadá'il Embraces the Faith

The marvellous story of Jináb-i-Abu'l Fadá'il's embracing the Faith is one of the sweetest stories in the history of the Cause of God. He was guided to the Faith through Karbilá'í Husayn, the horseshoe man, who was an illiterate, ordinary man.

Karbilá'í Husayn had an insignificant little shop on the way to 'Abdu'l-'Azím's shrine and whenever a man, traveling on his horse or donkey to the shrine, happened to need his ride re-shod, Husayn would render the service. He was notorious in engaging his customers in discussions about the Faith, as soon as he had a captive audience.

On Fridays, when the great divines went to the shrine they would usually use his services as needed. This particular day Jináb-i-Abu'l Fadá'il (an outstanding doctor of Islamic theology) was heading toward the shrine when he found out he needed Husayn's services.

As Husayn shoed the horse and Abu'l Fadá'il was pacing up and down, Husayn mustered up the courage and said: "Your eminence, I have a question that if you answer it, it would make me very happy." Jináb-i-Abu'l Fadá'il acceded to his request. Husayn said: "I have heard it on the authority of a reliable tradition that every drop of rain is carried on the wings of an angel. Is it true?" Abu'l Fadá'il replied: "Of course."

Husayn continued: "This poses a problem for me," and to Abu'l Fadá-il's inquiry for an explanation he added: "Isn't there another reliable tradition that says angels do not descend where there are dogs?" When Abu'l Fadá'il confirmed the authenticity of this tradition, Husayn added, "I am now quite perplexed; for it should never rain in houses where there are dogs." Abu'l Fadá'il, stuck for an answer, told Husayn to carry on with his task and that it was not his place to ask such questions.

Later, Abu'l Fadá'il was intrigued about this man and his beliefs. His entourage tried to minimize and discredit the episode stating that Husayn was a Bábí and often spoke nonsense.

Abu'l Fadá'il, however, was profoundly affected and thus began hearing the truth of the Cause from Áqá Muhammad 'Alí, the felt merchant.

6

'Abdu'l-Bahá's Wedding

Mr. Sahíhí related the story of 'Abdu'l-Bahá's wedding as recorded in Mr. Húshang Mahmúdí's book entitled, *Some Notes from 'Abdu'l-Bahá's Time*.

"When Munírih <u>Kh</u>ánum was instructed to come to 'Akká from Iran, she arrived in the company of her brother Mírzá 'Alí and Jináb-i-<u>Sh</u>ay<u>kh</u> Salmán and took up residence at Mírzá Musá Kalím's (Bahá'u'lláh's brother) for five months. By this time, 'Abbúd had gradually warmed to Bahá'u'lláh and 'Abdu'l-Bahá showing great fondness. One day he went to 'Abdu'l-Bahá and asked: 'Why don't you get married?' 'Abdu'l-Bahá responded simply: 'Because I do not have a residence.' Imagine an Arab offering to a Persian: 'You can have a room in my house to live in.' That is exactly what 'Abbúd did and wedding plans were arranged.

"When the news reached Bahá'u'lláh, He was very pleased. Arrangements were made by Ásíyih <u>Kh</u>ánum and the Greatest Holy Leaf. One day Bahá'u'lláh called 'Abdu'l-Bahá and told Him to be back home early. When 'Abdu'l-Bahá asked the reason, Bahá'u'lláh responded: 'Because We want You to be married today; this will be Your wedding day.' 'Abdu'l-Bahá obeyed and returned home at four o'clock finding that wedding arrangements had been made with those in attendance being limited to the Holy Family and 'Abbúd's three daughters. (It was not customary for men to be present.)

"Ásíyih <u>Kh</u>ánum and the Greatest Holy Leaf had made a very simple white-gray wedding dress for Munírih <u>Kh</u>ánum. One of 'Abbud's daughters with hairdressing and makeup skills had requested Munírih Khánum permission to do a little makeup for her but it had not been accepted. She only braided Munírih Khánum's hair placing the braids on her shoulder and a head covering over it. Thus she was taken to the presence of the Blessed Beauty. That day the total number of those present did not exceed twelve.

"After the Family was seated, the Blessed Beauty spoke some words and handed the bride a Tablet revealed in Baghdád asking her to chant it. The bride, who had a good chanting voice, chanted the Tablet. Bahá'u'lláh then asked if she knew 'Halih Halih Yá Bishárat' to which she replied in the affirmative and Bahá'u'lláh asked her to chant that as well. After a few more words, Bahá'u'lláh said, 'It is blessed,' and to Munírih Khánum, 'Well, then, you chant a prayer too.'" After this, all left the room. (This is the same room in which the Kitáb-i-Aqdas was revealed.)

"Munírih Khánum said 'I am the only bride to chant the Tablet, the song and the prayer all myself.' Refreshment was limited to tea and some sweets. 'Abdu'l-Bahá's wedding was that simple."

Húshang Mahmúdí

7

'Abdu'l-Bahá in America

Mr. Kámrán Sahíhí related a story told to him by the beloved Hand of the Cause Dr. Varqá: "My father went to America in the company of 'Abdu'l-Bahá. One day in New York 'Abdu'l-Bahá was tired and had gone to his room upstairs to rest a while. Someone knocked at the door.

"When the door was opened a relatively old man walked in with a cane in his hand and, after saying the Bahá'í salutatory Alláh'u'Abhá, expressed the desire to visit 'Abdu'l-Bahá. When told that the visit was not timely at the moment, he retorted: 'Please go and let 'Abdu'l-Bahá know that so and so wishes to see him.' (Dr. Varqá could not recall the name of the individual whose name is mentioned in the memoirs of Dr. Varqá's father.) Again it was pointed out to this man that a visit was not timely at that point and again the individual requested that his message be taken to 'Abdu'l-Bahá.

"So, they went to 'Abdu'l-Bahá and mentioned that this elderly Bahá'í man had come and insisted to be granted a visit. 'Abdu'l-Bahá allowed the visit. When he arrived 'Abdu'l-Bahá asked him: 'What do you want?' The old man replied: 'I have come to tell You that I wish to be Your father for four hours.'

"Everyone present was surprised at this request. 'Abdu'l-Bahá told him: 'You wish to be My father? Fine, but what for?' The man replied: 'As Your father I wish to tell you to go to Your room, close the door, do not talk to anyone and rest for four hours.' 'Abdu'l-Bahá replied: 'As a son, I will obey' and He went to His room and rested."

Dr. Varqá added: "That man sat on a chair motionless for four hours, resting on his cane and not uttering a word. After four hours, he noticed 'Abdu'l-Bahá coming out refreshed, saying: 'Indeed, a father is a good gift.'"

Kámrán Sahíhí

8

Khalíl Ardikání's Dream

Jináb-i-Fádil-i Ardikání, member of the Continental Board of Counsellors for Asia, one day related the following at Landegg Academy:

"My uncle, Khalíl Ardikání, as a youth used to do handyman, gardening and custodial work at the holy places for fourteen or fifteen years. He used to take a nap under a tree in the afternoon.

"One day during his nap he dreamt that he was in 'Abdu'l-Bahá's presence. 'Abdu'l-Bahá instructed him to saddle the donkey and take it to the train station. When he awoke he thought that the Master never arrived at the train station in the morning and that because he was sleepy perhaps he wasn't thinking straight. He fell asleep again.

"Again he dreamt that 'Abdu'l-Bahá had arrived and wanted him to take the donkey to the train station. He woke up and thought that he must go to the train station; if the Master arrived all would be well and otherwise he would simply head back with the donkey. So, he set out for 'Akká on the donkey, but once he got to the station he found that no train was there.

"As he started to leave he heard the train whistle, so he waited. Passengers got off one-by-one and suddenly he saw that the Master had arrived.

After 'Abdu'l-Bahá mounted the donkey, He turned to Khalíl and said: 'Khalíl, how many times must I ask you to bring the donkey?'"

Fádil Ardikání

9

The Sick Man and the Turkish Doctor

One day, 'Abdu'l-Bahá related the following story:

A sick man went to a Turkish doctor complaining about a loss of strength and energy. After examining the patient, the doctor told him, "Your weakness is simply due to your advanced age."

The patient complained about indigestion. The doctor replied, "That is also due to your age."

The patient said, "I have difficulty with my hearing." the doctor replied, "That, too, is related your age."

The patient complained about his diminishing eyesight. The doctor asserted, "That is also due to old age."

The patient got angry and cursing the doctor said, "May your house collapse on your head. Have you not learned anything about medicine besides these words, 'It is due to old age'?"

The doctor retorted, "Your anger is also due to old age!"

10

Qualities Pleasing to Bahá'u'lláh

One day, during the fast, at dinner, Hand of the Cause of God, Abu'l-Qásim Faízí related the following for those present:

The Ancient Beauty was very fond of the following four qualities:
1. A person with a happy disposition.
2. A person who finishes a task that he starts.
3. Those who are brave and audacious.
4. Those who suffice with praising others rather than finding fault.

Bahá'u'lláh felt sad about the following five unseemly characteristics afflicting mankind:
1. Those who see themselves as knowledgeable and feel proud of it.
2. Those who render a valuable service or initiate a useful innovation, but show pride about their accomplishment.
3. Those who feel proud about their lineage.
4. Those who are proud of their physical beauty and attraction.
5. Those who regard themselves as wealthy and are proud of it.

Then Mr. Faízí added at the end of his discourse the following words of the Ancient Beauty:

"It is impossible to expect insight from those who are proud."
(Unauthorized translation)

Mr. Faízí

11

Nabíl and Málmírí

It is related that Jináb-i-Málmírí, the father of Mr. Adíb Tahirzádih, was fond of drinking tea and "counting" his prayer beads (rosary). For a while he shared a room with Nabíl-i-A'zam who was uncomfortable with this habit of his roommate and would ask him unsuccessfully not to drink so much tea and not to constantly count the prayer beads. The home of these two in 'Akká was roughly facing the White Souk. Nabíl, who was a tall and robust man, was quite miffed at Jináb-i-Málmírí's annoying habits. (Even Bahá'u'lláh had told Málmírí that he drank too much tea and it was best if he drank white tea).

One day, in Málmírí's absence, Nabíl hung Málmírí's rosary from the ceiling. When Málmírí returned he tried to retrieve the rosary. As there were no chairs or tables around to climb on, he kept hopping up but due to his short stature he could not reach the rosary. Suddenly, he heard the Blessed Beauty asking: "Jináb-i-Mírzá Táhir, what are you doing?" The next day, Bahá'u'lláh told Nabíl not to annoy Mírzá Táhir so much and to bring the rosary down and give it back to him.

(Jináb-i-Málmírí wrote a book of some one thousand pages during the time of Bahá'u'lláh.)

Kámrán Sahíhí

12

A Story about the Companions

Once, there were three companions in the presence of Bahá'u'lláh: Hájí Mírzá Haydar 'Alí Isfahání, Zayn'ul-Muqarrabín and Mishkín Qalam.

Bahá'u'lláh asked the three: "Do you want Me to send you to the Abhá Kingdom?"

Mírzá Haydar 'Alí responded: "I surrender to whatever is Thy holy will."

Mishkín Qalam said: "No, my Beloved; I want to be here in Thy presence."

Zayn'ul-Muqarrabín said to Hájí Mírzá Haydar 'Alí: "Tell the Blessed Beauty that I am hard of hearing and can't hear Him."

Mr. Zabíh

13

A Story from Nabíl

One day, a number of companions were busy digging in the gardens in front of 'Abdu'l-Bahá's residence. Nabíl arrived and they asked him to help in the digging but he refused.

Again they asked him and again he declined. At this time the Master arrived and inquired as to how the friends were doing. The friends complained to the Master about Nabíl's refusal to help with digging.

The Master, after a pause, smiled and supported Nabíl's stand. The companions were baffled. The Master added: "He is Nabíl by name and Na Bíl (no digging) in demeanor".

The companions broke into laughter and the Master left the group, smiling.

Mr. Zabíh

14

The Haifa Doctor

There was a doctor in Haifa who was not favoured by the beloved Master. One day in a jovial mood the Master was heard reciting:

The Angel of Death went to God
Prostrating in His presence, he complained:
There is a doctor in our neighbourhood
Who takes a hundred lives to my taking one.
Either put a stop to his practice
Or assign me to a different job.

Mr. Zabíh

15

Russian Czar's Supplication

When the Blessed Beauty was in Adrianopole, He sent a Tablet addressed to Czar Alexander II, telling him, "You were praying in your heart beseeching God to assist you. We heard your prayer and your wish will be granted."

In Isfahán there was a certain Muhammad Rahím who upon embracing the Cause set out to teach, oblivious to afflictions and harm. Even his father disowned him. Gradually he lost all his wealth and set out for another city and found work in a mine in Sabzivár. The Russian Consul who lived near Sabzivár was looking for Bahá'ís and was interested to read Bahá'í books. The friends selected Áqá Muhammad Rahím for the task and he set off to see the Consul with a few Bahá'í books.

During his visit the Consul asked him to stay longer and continue their discussions. One night the Consul told Áqá Muhammad Rahím: "I had another idea in asking you to come here: tell me what is meant in the Tablet of Bahá'u'lláh addressed to the Czar." Then he recited the passage about Czar Alexander's prayer and asked Muhammad Rahím what the Czar had wished in his heart that Bahá'u'lláh had granted.

Muhammad Rahím thought to himself what the king might want from God: he has money, he has power, he has food and respect. He must have wanted something else. Muhammad Rahím figured that the Czar must have wished for victory in war as he had thus far been unable to succeed in the war with the Turks. He conveyed this thought to the Consul and urged him to write the Czar and assure him of victory in the war.

However, Muhammad Rahím immediately felt remorseful at having done so as he was not certain about his own thinking on the matter. Thereafter, every time he would remember the episode his sense of remorse would return until he went to 'Akká on pilgrimage some time later.

After getting settled, Bahá'u'lláh's amanuensis came to visit him and asked him what he had told the Russian Consul. Hearing this question, Muhammad Rahím got very perturbed; how would the amanuensis know what he (Muhammad Rahím) had said to the Consul?

After a while another person arrived and asked the same question, causing Muhammad Rahím greater levels of anxiety. Finally, when he attained the presence of the Master, he related the episode in full detail.

'Abdu'l-Bahá assured him that what he had said to the Consul was correct because one day Bahá'u'lláh had said that at that moment someone was reciting the Tablet to the Czar and the Consul had asked a believer what the Czar's prayer had been about, and the believer's reply was correct. Then Bahá'u'lláh had gone on to mention Muhammad Rahím's name. Thus Muhammad Rahím found assurance and solace after hearing the Master.

The war in question was the war between Russia and the Ottoman Empire and at first it was not clear which side would succeed. Eventually Russia was victorious and the Turks defeated.

Summarized from Revelation of Bahá'u'lláh *by Adib Taherzadeh*

Adib Taherzadeh

16

Mr. Faízí's Poem

Beloved Hand of the Cause of God Mr. Abu'l-Qásim Faízí arrived at a friend's home in Holland during the fasting season of 121 B.E. (1966 C.E.). He composed this poem and gave it to his host:

"O Guardian of the Cause of God,
Pleasant is the malady whose cure art thou,
Joyous the journey that ends at your presence.
Blessed is the eye that beholds thy visage,
Blessed is the realm of which thou art the sovereign.
'Tis all joy and pleasure, O my friend.
In the abode wherein
Thou art the guest.
No care, no fear shall befall the one
Whom thou art the protector and guardian."

Then he ended with the following:

"Learn thou humility, if thou seekest abundant
bounty (Faízí)
For high land doth not receive much water.
How can rock be verdant in the spring,
Be thou the dirt (humble) in which flowers grow
colorful.

"From Hand of the Cause of God, Abu'l-Qásim Faízí."

Abu'l-Fadl Rahmání

17

Collins Gate

Usually the Beloved Guardian went to Switzerland every summer to spend a few days for vacation and rest. He would always stay in the same apartment he occupied as a student in his youth, as it was very inexpensive.

One year, Amelia Collins noticed that it was time for the Guardian's vacation but he was not going. After waiting for a day or two she went to the Guardian and inquired as to the reason for his not going for holidays. He replied that he had much work to do.

Again, after a few days she went to the Guardian, and pleaded that with his very heavy work load and long hours he needed to have a few days of rest and that he must go as usual. The Guardian replied that he would go if he caught up with his work.

Again after a few days Amelia noticed that the Guardian continued to be very busy and had no apparent plans to go for a vacation. This time she was determined; she went to the beloved Guardian's presence and very pleasantly insisted that he must go for a rest so as to be able to carry on all the important work he was doing.

After her repeated pleadings the Guardian turned to her and said; "Amelia, I have no money to go on vacation." Amelia kept silent, returned to her room and picked up her savings totaling five thousand dollars and went back to the Guardian and said that if the obstacle was money he could accept this meager offering and go on vacation as it was absolutely necessary for his health.

After a brief pause the Guardian said. "Very well, I will go." The next day, early in the morning, he set off.

After about ten days, while Amelia was in the Holy Precinct, she noticed that a truck entered the Bahjí grounds—a rather unusual occurrence. When the truck got closer, she noticed that the Guardian was sitting beside the driver.

She was perturbed to see the Guardian returning so soon and sitting in a truck. As she walked over to the truck, the Guardian got off, beaming with joy and addressed her saying, "Amelia, I thought it better to use the money you gave me to order a large iron gate for the Holy Precinct and Bahjí Mansion rather than go on vacation. So I ordered this gate which is in the truck and waited until it was ready and brought it with me. I will have it installed, dedicated to your name."

Mr. Zabíh

Collins Gate

18

Pilgrim House in Haifa

Mr. Abu'l-Fadl Rahmání has sent me the following account of the building of the Pilgrim House in Haifa, undertaken by his father:

When Áqá Mírzá Ja'far Shírází (the father of Hádí and 'Abu'l-Fadl Rahmání) went on pilgrimage to Haifa, he found 'Abdu'l-Bahá very concerned about the fact that pilgrims, who came from long distances and sometimes on foot, did not have a proper place to stay and out of necessity stayed in coffee houses belonging to covenant breakers.

While they came for pilgrimage in utmost humility and submission, at times covenant breakers misled these pure souls and caused grief for 'Abdu'l-Bahá. Áqá Mírzá Ja'far, noticing 'Abdu'l-Bahá's concern, pleaded to be permitted to construct a pilgrim house.

At first, 'Abdu'l-Bahá did not accept the offer. Áqá Mírzá Ja'far, witnessing how distraught the pilgrims were staying at these coffee houses, once again pleaded with 'Abdu'l-Bahá who finally granted permission but was mindful that purchase of the land and the construction cost could be an imposition on Áqá Mírzá Ja'far. So, he told Mírzá Ja'far that he would agree only if on the way back to 'Ishqábád Mírzá Ja'far would stop in Bádkúbih and visit Músá Taghiuv giving him the Master's message to participate in the construction costs.

Taghiuv had asked 'Abdu'l-Bahá for wealth. As his wish had been granted, he had gone from running a small retail kerosene store to amassing, by the grace of God, a huge fortune including three oil wells.

Áqá Mírzá Ja'far boldly pleaded with 'Abdu'l-Bahá to

be allowed the bounty of carrying out the enterprise on his own. However, 'Abdu'l-Bahá insisted that he should go to Músá and bring his reply, whether accepting or declining, upon Mírzá's return.

So, Mírzá Ja'far set off for Bádkúbih and sought out Musá's address. Upon arrival at Musá's office, he found a large group in the waiting room wanting to see Músá, either to get a franchise permit or conduct other business with him. For three days, Áqá Mírzá Ja'far kept going to Músá's office and did not succeed in seeing him. (In those days there were no hotels in Bádkúbih, so Áqá Mírzá Ja'far stayed in a coffee house.)

On the third day, losing his patience, he curtly told the doorman at Músá's office, "Go tell Taghiuv I am Ja'far Shírází and am here at 'Abdu'l-Bahá's instruction to give him a message. I have been waiting for three days and my turn has not yet come. I must head off to 'Ishqábád immediately."

At this time, the door opened and Músá, who was going for lunch, asked Áqá Mírzá Ja'far, "What is wrong? Why are you upset?". Mírzá told him about his long three days wait and gave him 'Abdu'l-Bahá's message as to whether Músá wanted to participate in the construction of the pilgrims house. Músá asked, "What do you need?"

Áqá Mírzá Ja'far replied, "I have placed an order for six hundred cases of tea from Calcutta and Bombay. The merchandise is ready. I am going to sell them and get some money together so that upon return to Haifa the land can be purchased and the construction started."

Músá thought for a while and replied, "You go to 'Ishqábád, gather your money and come back to Bádkúbih so we can talk and see what can be done." Áqá Mírzá Ja'far found Musá's response cold, so he headed off to 'Ishqábád and discovered that in Russia there was a shortage of tea and prices had risen six fold from three months earlier and several brokers were awaiting his arrival to purchase his tea.

Áqá Mírzá Ja'far told his business associates, "I have a commitment in Haifa and I must gather my funds immediately and return to Haifa to follow up on that commitment. Sell the tea as soon as possible so that I can leave with my pockets full." Presently he realized that God's mercy and 'Abdu'l-Bahá's favor have enveloped him as the price of tea had risen so sharply.

At any rate, after a brief period he returned to Haifa and on the way he had a stop in Bádkúbih to visit Músá Taghiuv as agreed before, again waiting behind his office door for two days.

When they met, Musá's first words were, "So you went to 'Ishqábád and have now returned with money." Áqá Mírzá Ja'far replied, "Yes I did. What shall I give 'Abdu'l-Bahá as your response?" Músá said, "You go and purchase the land and start the construction. When you run out of funds cable me and I'll send what you need." Áqá Mírzá Ja'far was upset and left for Haifa.

At the Master's house, Khusraw, the servant, announced Áqá Mírzá Ja'far's arrival. 'Abdu'l-Bahá saw that Áqá Mírzá Ja'far was tired so He decided that He would go to see him instead.

A few minutes later, 'Abdu'l-Bahá started strolling toward the house and after greeting, embracing and welcoming him, told Mírzá Ja'far, "I hope you had a good trip," and then asked him, "Did you give Músá Taghiuv my messsage?" Áqá Mírzá Ja'far bowed his head and related the story of his two visits with Músá and the content of their conversation. 'Abdu'l-Bahá was nonplussed and a period of silence ensued. Then He said, "He who gave Músá Taghiuv the wealth has, in this hour, taken it away."

Then He instructed Áqá Mírzá Ja'far to purchase a rather large piece of property as later on several buildings for the Faith would be erected on it. Áqá Mírzá Ja'far, along with 'Abdu'l-Bahá's son-in-law, Áqá Mírzá Hádí, searched for a few days and found a large orchard which belonged to an Assyrian.

After some discussion, an agreement was reached and at the land title office Áqá Mírzá Ja'far informed the vendor that the purchaser was His holiness 'Abbás Effendi, so it should be registered in His name. Then he took the title registry book to 'Abdu'l-Bahá's presence and reported what had transpired. 'Abdu'l-Bahá, smiling, turned to Áqá Mírzá Ja'far and said, "You have paid for the land and I should sign the documents?" Áqá Mírzá Ja'far replied, "Perchance, no trace of me and my name will remain, but the name of Thy blessed personage shall last in the world at least five hundred thousand years." 'Abdu'l-Bahá joyfully signed the registry.

When the building was completed six months later, a great party was held. All the pilgrims and companions were waiting outside the building for 'Abdu'l-Bahá to be the first person to enter the Pilgrim House.

After His arrival, Hájí Mírzá Haydar 'Alí Isfahání stepped forward with pen and paper and pleaded with the Master to inscribe something that could be engraved on the front of the building entrance. The Master took the pen and paper and beaming with joy said, "What can I write other than 'Áqá Mírzá Ja'far, the mad-man, mad-man,' for in these days when everyone is thinking about his own house and comfort and pleasures, Áqá Mírzá Ja'far is mindful to free us from the troubles caused by the covenant breakers and has constructed this house."

Then He inscribed, "This is a great house and its founder is Mírzá Ja'far Rahmání Shírází." At this point, 'Andalíb (the poet) recited an impromptu piece of poetry for the occasion.

Then 'Abdu'l-Bahá entered the Pilgrim House, looked at the green tables and place settings and walked toward the balcony over-looking the sea. Then glancing to the right and to the left He said, "Truly some poets are inspired from a mysterious source; for example, Háfiz must have forseen the building of this structure when he wrote:

> Joyous be Shíráz and its matchless environs,
> May God protect it from demise,
> May Rukn-Ábád[1] be remembered a hundred times
> For the life of Khizr[2] grants its limpid water
> Ja'far Ábád[3] and Mussallá[4] are blessed with a
> pleasant breeze.

Then, as He got to the word Mussallá, he glanced at the Pilgrim House and continued:

> Come to Shíráz and seek thou the spirit of holiness
> From its people, endowed with perfections.

Then, seating himself, He added, "Any undertaking when first attempted has a special blessing and grace.

"For instance, the undertaking of Jináb-i-Hájí Vakíl'ud-Dawlih Afnán, who, with his initiative and effort, constructed the first House of Worship of the world in 'Ishqábád, has this special blessing and grace. Later other Houses of Worship will be built around the world, but as Jináb-i-Afnán built this historic edifice, it has that grace. Similarly, this first Pilgrim House is something else that Áqá Mírzá Ja'far has built to ease our minds. Later, innumerable guest houses will be built for the Cause, but this first one is another thing, as it was done with purity of motive. All the Messengers and those nigh unto Him will be praying for him, beseeching confirmations and increasing success for him."

1. A district of Shíráz
2. A minor prophet of old
3. Another district
4. Another district

Abu'l-Fadl Rahmání

19

The Mask

One day the mother of ‘Abdu’l ‘Alí, the Jewish physician, went to the presence of ‘Abdu’l-Bahá wearing a mask covering part of her face.

As soon as she saw ‘Abdu’l-Bahá she said: “Beloved Master, when I see you I feel shy and therefore I am wearing this mask.”

‘Abdu’l-Bahá smiled and replied; “Don’t be shy, pull down your mask.” When she did, the Master said: “Pull it down further.” She did so until none of her features were showing.

Then He said, “Now it is good, it is very good. Neither can you see anyone, nor can anyone see you!”

Dr. Ziá Baghdádí

20

The Peacock Egg

One of the covenant breakers, who was also related to the Blessed Beauty, repeatedly would ask the gardener of the Holy Precinct for a peacock egg, which the gardener refused.

Finally the man appealed to 'Abdu'l-Bahá complaining that the gardener did not give him the egg. 'Abdu'l-Bahá instructed the gardener to give him a peacock egg.

The next day, the gardener sent the covenant-breaker a peacock egg. The man placed the egg under a hen and patiently waited for the arrival of a peacock chick but nothing happened. Finally he went back to 'Abdu'l-Bahá expressing surprise that no chick had arrived.

Later, 'Abdu'l-Bahá related the man's query to the gardener who responded; "I did not want to give this covenant breaker a peacock egg from the Holy Precinct, but since You had instructed me I obeyed. However, I first cooked the egg before giving it to him. This way I was able to obey Your instruction and at the same time deprive this covenant breaker from having a peacock offspring from the Holy Precinct."

'Abdu'l-Bahá just smiled.

21

A Smiling Dervish Embraces the Faith

A smiling dervish related the story of his embracing
the Faith to a Bahá'í military officer commissioned in
Bihbahán:

I was a dervish and, like other devishes, would walk
the streets and bazaars, calling "O Master! O Master!"
and singing poetry. One day a respectable man stopped
in front of me and said, "I will hold you by your sleeve
and have you swear whether your call 'O Master! O
Master!' is for real and whether you truly believe in the
Master. Are you really a lover of your master?"

I said, "Were I not a lover of God, of my Master, would
I appear as you see me now?"

The gentleman replied, "If you are telling the truth
would you like me to show you the true Master?" Imme-
diately I agreed.

Then he said, "Go until you reach Haifa and you will
see the Master of the world who now resides there and
His blessed name is 'Abbás Effendi. Then you'll see that
the real Master is living and then you will fall in love
with that luminous Visage, your heart will be illuminated
and your call of 'O Master! O Master!' will gain new
potency."

I told him to give me a road map and directions so I
could start right away. He gave me the necessary guid-
ance and I set off; after four months of walking, suffering
from the sun, the rain, wild animals, thirst and hunger, I
arrived, exhausted, in Haifa. There I let it be known that
I was there to visit 'Abbás Effendi. I was told that He had
gone to the United States but was on His way back, though
it was not known when He would return. So I spread my

sheep-skin coat under a tree. Later I discovered that I was in the vicinity of the Báb's shrine.

During the days I would wander around and at night would return to that tree. I was waiting to see when the Master would come. One day a gardener came and told me that I was waiting unnecessarily, for 'Abdu'l-Bahá may not return for quite a while yet. I told him to mind his business; it was a matter between my God and me. He was trying to force me away from the tree.

While we were disputing the situation, a tall lady with brown eyes and wearing a head scarf approached us from among the trees and asked why we were talking so loud. I told her my story. She told the gardener not to bother me and arranged for me to have all my meals sent from the house of the Holy Family. She asked me to stay there until 'Abdu'l-Bahá's return.

So, I stayed there for about two weeks until 'Abdu'l-Bahá returned. As soon as I looked upon His face I felt overwhelmed; I offered my humility and found myself a believer and wanted to head home (having found the object of my quest), but He bade me to stay a few days. I was overjoyed and blessed to remain in His presence.

A few days later we were informed that in two days, 'Abdu'l-Bahá, the Interpreter of the Word of God, would dismiss the pilgrims. I gathered my things and prepared for my return journey. At the appointed hour we all went for leave-taking. It was obvious how everyone felt about this separation. While 'Abdu'l-Bahá was not far from their hearts, they had to leave His physical presence. Tears ran down our cheeks and we kept wiping them so as to let our eyes take a few more glimpses of His holy being and record that visage in our minds.

After a moment of silence, His gentle voice began giving counsel and edification on the teaching work and raising the call to the people of the world. An hour passed and we were all inebriated with the wine of His utterance. He then had an attendant bring a bowl full of gold coins.

He bestowed a gold coin on each of the pilgrims and bade him farewell.

When it was my turn, the last pilgrim, He embraced me, kissed me on the cheeks and said, "O, dervish, I wish to bestow upon you all the remaining coins, as dervishes believe that abandonment should be complete." I obeyed and with both hands emptied the contents of the bowl and put them in my pockets. Then I said, "O my beloved, when I was leaving Iran for Haifa, as you can see, I had sewn a few gold coins inside the lining of my cloak as a precaution against highway robbers, intending to sell them when needed to enable me to come on pilgrimage." The Holy Being looked at the gold coins and said, "May God grant you plenty. Be in God's protection."

Friends who knew I had attained the presence of my Master would come to visit me and I would relate for them the story of my pilgrimage and His bestowing on me the gold coins. Several of the friends each bought one of these coins at four or five times their face value, regarding them as blessed objects.

Suddenly I noticed only one coin was remaining so I decided to keep that one as my working capital for an occupation and leave dervish's way of life. One day when I was outside the city I saw a waterfall which was a favorite picnic site where people would go for an outing on Fridays along with their families and food and refreshments—going on foot, on horseback or by bicycle.

When I saw the waterfall, God inspired me with the thought to buy property in the vicinity, including the waterfall. Then I could build a flour mill and sell the surrounding land parcels to farmers, as they would be choice parcels with plenty of water; quite suitable for cultivation with great yield potential. Then I could use the mill to grind the farmer's wheat and barley into flour. In brief, many God-pleasing benefits were envisaged. I searched until I found the owner of the property and completed the transaction. With the gold coins bestowed by 'Abdu'l-

Bahá, I began construction of the mill and purchasing the equipment and then began selling the land parcels. I named the mill after my son: Sálih's mill. Even farmers from far away would bring their crops saying, "We take our crops to Sálih's mill and spend time at the beautiful waterfall, while the mill prepares our flour."

Praised be God, that by the blessings of these coins of 'Abdu'l-Bahá I became a firm believer in the Ancient Beauty and the Greatest Name as well as setting aside my dervish way.

With God's mercy, through the purchase of the property and subdividing and selling parcels at a profit, I have gained a healthy fortune. My family lives in comfort and utmost joy under the shadow of His peerless bounties. This is the story of my "O Master! O Master!" refrain. It was the Master who brought me to this ending.

Abu'l-Fadl Rahmání

22

Practice

One of the kings of Iran, King Sanjar, was an avid and expert hunter. One day, he went hunting, taking along a favorite handmaiden. From a distance, he saw a deer scratching its ear with its hoof.

The king said to the handmaiden; "Would you like me to attach the hoof and ear of the deer?" and presently let the arrow fly, piercing both the deer's leg and ear. Turning back to the handmaiden, he asked what she thought of his marksmanship. The handmaiden replied: "Practice makes perfect." The king was vexed at this reply and even though he dearly loved the handmaiden, he ordered his minister to kill her and headed back to his palace.

The minister, who was wise, thought that the king was angry when giving this edict and would likely regret his own decision—thereby endangering the minister's life (for having carried out the action). So, he took the handmaiden to his own village and entrusted her to the care of the village reeve, enjoining him to keep the matter a secret.

After a few days, the handmaiden requested the reeve to build a wide staircase to the roof of the house, which he obliged. After a while, the reeve's cow bore a calf. The handmaiden used to carry this calf on her shoulder up the stairs, several times a day. Gradually, as the calf grew, so did the handmaiden's strength in carrying it up the stair with ease.

When the calf was a year old and quite heavy, the handmaiden asked the reeve to request the minister to somehow get the king to visit the reeve's house. The reeve obliged. One day, after hunting, the minister invited the king to dinner at the reeve's house. After the dinner, the reeve politely told the king, "I have a daughter who performs a most interesting act."

The handmaiden with her face covered, carried the calf up the stairs and back and asked the king what he thought of the feat. The king pondered a moment and said: "Practice makes perfect."

As soon as the king uttered these words, the handmaiden took off her mask and said: "Your majesty, that's all I had said and you issued the edict to have me killed."

The king was pleased to see his favorite handmaiden again, pardoned her and bestowed gifts upon the reeve and the minister returning to his palace with great joy and happiness.

23

Mandarin Oranges from the Blessed Precinct

One of the pilgrims to the Holy Shrines, Mr. Habíbu'lláh Mudabbir, who was quite tall, was in the habit of picking a few oranges in the gardens and eating them as a blessing. Other pilgrims were concerned that the beloved Guardian might be displeased were he to find out. The news did eventually reach him.

One day, the beloved Guardian talking to the pilgrims near the orange trees, addressed Mr. Mudabbir and asked him: "Have you ever tasted these oranges?"

All the pilgrims were curious to know how Mr. Mudabbir would respond in this delicate situation. With his typical agility of mind he replied in a delighted tone: "Not from your hand, beloved Guardian."

The reply pleased the Guardian and others. The Guardian picked an orange with his own hand and offered it to Mr. Mudabbir, fulfilling his wish.

Húshang Zargarpúr

24

Figs

One night, as figs were brought to the dinner table after partaking of the meal, 'Abdu'l-Bahá related the following story:

"In the days of Jazzar (the governor of the city) there was an old woman who made a living from the proceeds of a fig tree in her house. In season, every day she would pick some figs, take them to the market and sell them. One year, a thief appeared who would come at night, pick the figs and leave. She could not catch the thief, so she complained to the Governor. The Governor, Jazzar, thought for a few minutes, and suggested to the old woman to insert a kernel of barley in all the ripe figs in such a way that it could not be noticed.

"The next day, Jazzar personally went to the city gate and waited there. He ordered that anyone importing figs into the city should first take them to the Governor to buy. As each person came with a basket of figs he would pick a few and open them up until he found the figs with barley inside them. Presently, he asked the owner from where he had stolen the figs. The thief said, 'I have not stolen them; they are from my own trees.' Jazzar told him; 'If you do not tell the truth I will have you beheaded.' So he immediately confessed and was punished."

As I was writing this story, I remembered that about fifty years ago I was touring Europe along with my brother. We got to Italy. It was late in the day and we decided to stay at a small hotel near the sea. We drove for some two hours but found no vacancy. Someone gave us directions to the house of a university professor who rented rooms in his house during the summer. We went there and as it happened he had a room for us; we stayed there and got up early the next morning. My brother said, "Look, there are some fig trees in the yard." We went there and picked some of those lovely ripe figs, enjoyed them and repeated this the next day.

The third day when my brother and I were both still asleep, we heard someone knocking at the door. I opened the door, still in my pyjamas, and saw the professor with a plate full of ripe figs.

He said, "You are my dear guests; I am not happy to see you get up early in the morning to pick figs and miss your rest. I picked these figs last night and kept them in the fridge for you to enjoy and not miss your sleep."

We were embarrassed to find out that both days as we were picking figs, the professor had seen us from his window.

25

Siyyid Sádiq

There was a prejudiced man in Tihrán, called Siyyid Sádiq. His wife, Fá'izih Khánum was a very devoted and dedicated Bahá'í. She kept talking to her husband about the truth of the Faith, but it had no effect on him.

Every time Fá'izih Khánum would hear of a travelling teacher coming to Tihrán, she would find a way of inviting him to her home to hold a fireside and every time, after the teacher's departure, Siyyid Sádiq would make life miserable for her and even beat her up and would insist that she thoroughly wash all the dishes to purify them.

One day, a teacher from Baghdád related a tradition proving the truth of the Cause but Siyyid Sádiq argued that it was not true and such a tradition did not even exist. A few days later, by coincidence, he saw the tradition in a book causing him to reflect that perhaps there was truth to what was being said.

Meanwhile, Fá'izih Khánum was undaunted about trying to teach her husband, in spite of the beatings. Finally, one day, Siyyid Sádiq told her; "You don't let go and I can't accept what you say. So I will ask a question from your Master, 'Abbás Effendi. If He answers me properly I'll accept the Faith, if not you'll have to become a Muslim." The wife accepted the offer quite confidently.

Siyyid Sádiq brought two envelopes to his wife, saying "Send one to 'Abdu'l-Bahá and the other will be in safe keeping (with the Spiritual Assembly) until His reply comes and we will then open the second envelope." A while later, when a group of pilgrims were heading off for their pilgrimage, Fá'izih Khánum gave them the envelope addressed to 'Abdu'l-Bahá.

One of the pilgrims, Mírzá Yúsif Khán Vujdání, later related that when they were in 'Abdu'l-Bahá's presence most of his talks referred to people trying to test manifestations of God in various ways. During one of these talks, a lot of letters were placed before 'Abdu'l-Bahá. Usually, between five hundred and a thousand letters would be brought before Him.

As He was seated and was speaking He reached into the bag of letters and pulled one out, and opened it with a letter opener, pulling out a blank piece of paper. Then He said, "You see they have sent a blank piece of paper and intend to test 'Abdu'l-Bahá." (Siyyid Sádiq had written the question he intended to ask 'Abdu'l-Bahá in the envelope kept by the Spiritual Assembly, but had deliberately sent a blank piece of paper to the Master, thinking that if the Cause was true, He would know the question and would provide the proper answer.)

'Abdu'l-Bahá then added that if it were not for the sake of that man's wife who was a dedicated servant of the Cause no reply would have been given, but for her sake He would reply. Then, on that same blank piece of paper, He wrote a few lines and had it mailed out.

After a while the Tihrán Spiritual Assembly notified Siyyid Sádiq that a reply to his pleading had arrived. Siyyid Sádiq told his wife to ask the Assembly to have the reply read out in the Assembly's presence, as there was a mystery involved. Then, he added to his wife, "I have sent a blank piece of paper to 'Abdu'l-Bahá and the actual question is written out in the envelope that is in the Assembly's safe-keeping. We will open the envelope in the Assembly's presence for them to see the question and then see what is 'Abdu'l-Bahá's reply."

Fá'izih Khánum, perturbed and pale-faced, went to the Assembly and related the story. The Assembly responded that 'Abdu'l-Bahá had answered, so the letter would be opened in their presence and read out.

Thus, Siyyid Sádiq went to the Assembly. First he

extracted the envelope held in safe-keeping and loudly read out his question in which he had asked for elucidation of a certain tradition.

Then the envelope containing 'Abdu'l-Bahá's reply was opened discussing the tradition dealing with knowledge. 'Abdu'l-Bahá had stated there were two types of knowledge: the knowledge that is acquired and the knowledge that deals with divine mysteries which is granted by God to whomever He wants.

When 'Abdu'l-Bahá's reply was read Siyyid Sádiq found it to be exactly the answer to his question. Quite excited he got up, took off his turban, throwing it on the ground, and burst into weeping, asking his wife for forgiveness and prostrating before her, expressed sincere remorse saying, "Please, forgive me, forgive me, I repent, I was ignorant. Now I know this Cause is true."

Then, with great humility he requested the Assembly to write 'Abdu'l-Bahá asking permission for him to go on pilgrimage. Fortunately, permission for pilgrimage was granted and he, along with his wife, attained the presence of 'Abdu'l-Bahá and became the recipients of His bountiful favours.

Then, 'Abdu'l-Bahá told Fá'izih Khánum, "Your husband dared to send a blank piece of paper. We are servants of the threshold of Abhá Beauty. I am not worthy to be tested."

A. H. Ishráq Khávarí

26

The First Pilgrim House in 'Akká

During the Ottoman reign, the 'Akká customs office was in a carvanserai which later was turned into a western pilgrim house. The lower level accommodated the mules and horses. Upstairs, 'Abdu'l-Bahá had rented a few rooms to serve as pilgrims' accommodation during their pilgrimage. This was during the period that Bahá'u'lláh had left the prison barracks and stayed in three different houses during a ten-month period.

As these pilgrims' rooms were adjacent to the animal quarters, mosquitoes and fleas were in abundance and the pilgrims could seldom have a good night's sleep. When the lights were turned on at night, they could see the swarm of insects, but the love of being in the presence of Bahá'u'lláh and 'Abdu'l-Bahá removed all traces of any concern for such minor discomfort and they saw suffering as the very healing balm. 'Abdu'l-Bahá used to say that He often used to go to visit the friends there and was reluctant to leave them. "One night I had a sheep skin coat on. After a short while the coat was full of fleas. I tolerated it for a while and then reversed the coat and put it back on so I could stay longer."

Mírzá Músá Kalím also spent some time in those quarters and once the Blessed Beauty came to the caravanserai to visit His brother. It was indeed the most inhospitable environment.

One morning, after a particularly hot and humid night, 'Abdu'l-Bahá had gone to visit the pilgrims and addressing the friends said with a smile: "So, last night the weather was fine and you rested well." One of the pilgrims, gifted with poetic skill, replied in poetry on the spot:

All night long 'till dawn we had a party.
Surrounding our bodies:
The mosquito was the fiddler, the flea
the dancer and I the harpist
(referring to the need to scratch)

'Abdu'l-Bahá, laughing, showered the friends with
His kindness and blessings and then left.

Mr. Zabíh

27

The Priest and Hájí Mírzá Haydar 'Alí

There was a Christian priest in Haifa who from time-to-time bothered the friends and paid no attention to what they had to say.

One day when Hájí Mírzá Haydar 'Alí became aware of the situation, he went to the priest and asked him, "What is this hanging from your neck?" The priest responded, "This is Christ's cross."

Hájí commented, "Christ suffered so very much on the cross; for days and nights he suffered, nailed to the cross. Why have you hung that from your neck? You should wear something that Christ liked, something that served Christ."

The priest asked, "Like what?"

Hájí replied, "Christ had a donkey that served Him well and He liked it. It is better that you make a statute of that donkey and wear it on your neck."

The priest got very angry and immediately went to 'Abdu'l-Bahá to complain. 'Abdu'l-Bahá was kind to the priest and told him, "I will talk to Hájí." Then He dismissed the priest.

When Hájí attained the presence of the Master, 'Abdu'l-Bahá turned to him and said, "O, man of right conduct, again you have gone and uttered right things?"

28

Azal and Mishkín Qalam

When the Ottoman government banished Bahá'u'lláh and His companions to 'Akká, it sent a few believers, including Mishkín Qalam, along with Azal to Cyprus. The believers were most chagrined and always longed to go to 'Akká and leave Cyprus. At that time, Azal was in frequent correspondence with all destinations. He used to put his correspondence in a basket hung from the ceiling with a rope and pulley.

As it happened, that year, it had not rained for quite some time in Cyprus and everyone, especially the farmers, was unhappy about it. When Mishkín Qalam would see people in the street he used to tell them that the reason for the lack of rain was that Azal engaged in sorcery and all his sorcery papers were in a basket hung from the ceiling in his room. This rumour spread throughout the city and after a while everyone believed that the reason for lack of rain was Azal's sorcery.

One day, people decided to break into Azal's house in his absence. They found the basket and burned everything in it.

That night, when Mishkín Qalam returned home he heard about what had happened, he prostrated himself and weeping said to himself: "O Bahá'u'lláh, what have I done? If it does not rain tomorrow I will be in deep trouble." He spent a while in prayers and, weeping, beseeched Bahá'u'lláh, with a contrite heart, to send rain.

The next morning he awoke to a heavy downpour. He was so happy that he broke into a dance and the affection of Cyprus citizenry toward him increased to the point that it facilitated Mishkín Qalam and a few other believers' departure from Cyprus.

29

The King and His Minister

Hájí Mírzá Haydar 'Alí, one of the early believers, relates the following story from 'Abdu'l-Bahá, in memoirs he wrote at the Master's bidding, called *Delight of the Hearts*.

Once, there was a wise and clever king. One day he said to his minister that on the day of general audience, when all courtiers deck themselves up in full regalia and receive gifts from their king, "You must give me the answer to these three questions:

"What does God bear? What does He wear? And, what does He do?"

The poor minister surprised at the king's questions, went home crest-fallen, thinking about how he was going to reply to the king's questions at that special event and in front of all the notables and dignitaries.

The minister happened to have an extremely clever and gifted servant. When the servant saw his masters' bewilderment he inquired as to the reason. The minister told the servant that the king wanted him (the minister) to provide answers for three questions on the day of general audience. "How am I going to reply to these questions?"

The servant said: "I'll give you the answer to the third question on the day of the general audience. The answer to the first question is that God bears the burden of His servants. The answer to the second question is that He wears the garment of forgiveness for His servants' misdeeds."

On the appointed day when all dignitaries were present, the minister went to the king and offered the answer to the two questions as the servant had told him.

The king, who knew his minister well, was surprised and asked him who had told him these answers. The minister related what had transpired with his servant. The king told his minister: "It is better that the servant be the minister and you the servant."

When the servant was decked up in ministerial garb he turned to his former master and said: "The answer to the third question is that God takes away from one and gives to another, that is what God does—as you saw today."

Hájí Mírzá Haydar 'Alí

30

Hájí Karím Khán

One day, at the gathering of the pilgrims, 'Abdu'l-Bahá related a story about Hájí Karím Khán and Násiri'd-Dín Sháh, to the effect that what Hájí Karím Khán did was to always write articles against the Faith, submit them to Násiri'd-Dín Sháh and receive gifts like an 'abá or a walking stick.

At one point, Násiri'd-Dín Sháh was alarmed at him (Hájí Karím Khán) because close to one half of the population of Iran were his followers.

One day he went to Násiri'd-Dín Sháh with a refutation article in his hand saying that he had written a book against Bahá'ís. Násiri'd-Dín Sháh told him: "Your books are of little result; it is my sword that cuts at the root of the Bahá'ís, not your words." He was abashed. Soon after, his enemies even nick-named him the "seven K's":

> Karím, short, deaf, Kirmáni, impotent, bald, heretic (all these words in Persian begin with the letter K)
>
> How they were both up-rooted!

31

Shaykh Mahmúd-i-'Iráqí

When Bahá'u'lláh was incarcerated in 'Akká, the city was surrounded by a wall and access into the city was possible only through two gates: a sea gate and a land gate. Pilgrims who often traveled on foot from Iran, after crossing through Kirmánshah and Baghdád (which took almost six months), would arrive at the land gate and would face many obstacles.

In banishing Bahá'u'lláh to the prison city, the Ottoman government had sent four Azalis to 'Akká as well. These were Siyyid Muhammad Isfahání, Nasr'ulláh Tafríshí, Áqá Ján Ka'j Kuláh and Ridá Qulí. These four kept vigil near the land gate to ensure no one would meet Bahá'u'lláh. They kept watch from the second story window of a building overlooking the land gate so that if a pilgrim, after spending some six months traveling on foot, intended to enter the city they could somehow prevent his entrance. Thus pilgrims were forced to sit outside the moat, waiting and gazing at the window of Baha'u'llah's prison cell, perchance He would come to the window and put His hand out the window, blessing them. This was the extent of their pilgrimage.

This situation lasted for some time. After two years and a few months, Bahá'u'lláh was released from the prison. Some of the friends, including Salmání, decided to get rid of these enemies and during the night went to their place and killed Siyyid Muhammad, Áqá Ján and another person. Bahá'u'lláh, who had just found some measure of relief from the rigors of prison and had settled into the house of Údí Khammár to find some rest, was once again faced with new hardships and afflictions. Officials surrounded Údí Khammár's house during the night and removed Bahá'u'lláh, placing Him under arrest for three nights.

These events also caused new restrictions for pilgrims attempting to enter 'Akká. Later, one of 'Akká's high-ranking clerics, Shaykh Mahmúd Íráqí, embraced the Faith. After embracing the Faith, every night he would go to the land gate along with a few of his attendants carrying torch lights, waiting for any pilgrim who might arrive. If a pilgrim came, he would be given one of the torch lights and enter the city as the Shaykh's attendant. Who was this Shaykh Mahmúd and what became of him?

When Bahá'u'lláh entered the prison city, Shaykh Mahmúd was a rabid enemy of the Ancient Beauty. During Bahá'u'lláh's incarceration in prison, Shaykh Mahmúd determined to kill Him believing that Bahá'u'lláh and His followers were heretics and that killing them was a religious necessity.

One day he hid a knife under his cloak and headed toward the prison, determined to kill Bahá'u'lláh. He asked officer Ahmad Jarráh, who was the commander of the barracks and responsible for the security of the Blessed Beauty, permission to visit Bahá'u'lláh. Ahmad Jarráh went to Bahá'u'lláh's presence and requested permission for Shaykh Mahmúd's visit. Bahá'u'lláh instructed Jarráh to tell him to sanctify his hand. When Jarráh returned with Bahá'u'lláh's response, the Shaykh was badly shaken and left.

After a while, he again decided to kill Bahá'u'lláh with his bare hands and again he requested a visit. Due to the Shaykh's standing, Jarráh went to Bahá'u'lláh's presence and once again submitted the request. This time Bahá'u'lláh told Jarráh to tell the Shaykh to sanctify his heart. Upon receiving this reply, the Shaykh entered the Blessed Beauty's presence and threw himself at His feet and weeping uncontrollaby declared his faith. The Shaykh went on to render many services and, as mentioned, became an instrument in assisting the pilgrims to attain the presence of the Beloved.

Also, at the time of 'Abdu'l-Bahá's wedding, he was given the honour to be among the witnesses and sign the marriage certificate.

As well, when the martyrdom of the Purest Branch occurred, his request was granted to wash the body of the Purest Branch and prepare it for burial. And finally, the supreme honour bestowed upon him was that after the ascension of the Blessed Beauty at Bahjí, he had the bounty of assisting 'Abdu'l-Bahá to wash the body of Bahá'u'lláh.

Mr. Zabíh

32

The Jew's Prayer

One day 'Abdu'l-Bahá was talking about conditions of prayers and supplication, saying a prayer should not be for personal gain or motivated by selfish desires. Then He related the following story:

Three persons were voyaging on a boat: a Muslim, a Christian, and a Jew. A severe storm erupted, tossing the boat in every direction and threatening a ship-wreck.

The Muslim started saying prayers beseeching God to "Drown this heretic Christian and save me."

The Christian then supplicated "O Lord! Destroy this Muslim who destroyed our religion and send him to the bottom of the sea soon, so that the boat remains afloat."

The two noticed that the Jew was not praying at all and asked him: "Why aren't you praying?" He replied: "I am praying silently, asking God to grant both your wishes!"

33

House of the Báb in Shíráz

Mr. Míssagh'u'lláh Noureddin has sent me the following story:

The honey-tongued custodian of the Báb's House in Shíráz, known as the mother of Áqá Ridá, was a very kind, sincere and sweet speaking lady. Once, late at night after pilgrimage to the House, when we were seated together in her room talking about different topics, she related a story that was most interesting and exciting and bestowed certitude to the heart of the listener.

She said that one night three thieves decided to enter the Blessed House. They placed a ladder against the wall in the adjacent house, attempting to get onto the roof. At first each one, in turn, showed reluctance to scale the ladder. Finally, one of them, feeling courageous, volunteered to be first.

Once on the roof, he saw a Young Siyyid slowly pacing the roof from one side to the other, pausing every now and then. The thief kept silent, waiting patiently for the youth to return inside the House so that the thief could persue his intentions. A long time passed and the Young Siyyid continued his pacing. The thief finally descended the ladder and related the story for his two accomplices.

At first the two expressed the view that the Youth would eventually get tired and would go inside. They waited for a while and then the second thief climbed the ladder. He witnessed the same scene and after a while he descended, confirming his friend's observation. After some discussion, the third thief climbed to the roof, and witnessing the pacing of the Luminous Siyyid, descended. So, the three decided to return the next night.

One after the other witnessed the repeat of the same scene. After much discussion, they concluded that the House must be an important spot and the Siyyid had the mission to keep guard there every night. As the thieves knew nothing about the House, they decided to go back during the day and find out about the place and the Young Siyyid. When they knocked on the door, the mother of Áqá Ridá, who was an elderly woman, opened the door. Her bewildered look convinced the thieves that the House must be a special place and not just an ordinary residence.

After gaining composure, one of the thieves asked the woman what kind of a place the house was. The kind and sweet lady realized that these people were totally unaware of the significance of the House. So, in her heart, beseeching help from the Báb, she invited the three inside, stating that she could give them some background information in a few minutes if they had the time. Hesitatingly, they accepted and entered.

The mother of Áqá Ridá paused at this point and with tears in her eyes she continued, saying that she spent more than an hour telling the men about the Báb's declaration and the history of the Faith, focussing especially on the events at Fort Tabarsí. Then she allowed the men to visit inside, particularly to the room in which the Báb had declared His mission.

After the visit all three were profoundly affected, and all declared their belief in the new Cause.

Then with tears flowing down her cheeks, this kindly lady added, "Do you know where these three are now? Yes, all three, remorseful about their past, became devoted believers of the Cause of the Abhá Beauty and a short while later they went pioneering. They have remained steadfastly at their pioneering post in a remote part of the world."

Missagh Noureddin

Section B

Dr. Ziá Baghdádí's Memories
(Translated from Arabic)

Dr. Ziá Baghdádí

34

Story of Ayáz

Once 'Abdu'l-Bahá related the following story which is good for every Bahá'í to know:

Ayáz was a young shepherd who, from childhood, had a burning desire to see the king, Sultán Mahmúd. He was like a lover desirous to see his beloved. One day he heard that the king would be passing by. He hastened to the route where the king would be passing and waited for a glimpse.

As luck would have it, when the king reached the spot where Ayáz was waiting, he noticed the look of adulation, stopped and asked the young shepherd after his health. With sincerity, Ayáz said that the fire of wanting to see his king was burning in his breast. The king was pleased seeing Ayáz's ardour, so he took Ayáz to his palace and entrusted him with a position close the king.

The courtiers and ministers began feeling jealous and were determined to belittle him. One day, the king had a precious jewel in his hand and bade his ministers and generals to shatter it to pieces. None of them stepped forward to carry out what the king wished, as they regarded the jewel as far too precious. The king then asked Ayáz who immediately shattered the jewel as bidden and commented to the king that the others had broke his bidding, but he, Ayáz, had broken the jewel as he regarded the king's command more precious.

The king was of the habit that sometimes he would leave the city for an outing, accompanied by his ministers and generals. On the way back, he would throw a sack of gold and silver coins in the air and watch everyone rushing to pick them up. The king enjoyed this childish reaction of his courtiers and watching their clamour. On one occasion, Ayáz was also present, but he did not move. The courtiers used this as a pretext to neutralize Ayáz's popularity with the king. They presented Ayáz's lack of engagement as a token of pride and vainglory.

The king asked Ayáz about his lack of interest in gold. Ayáz responded, "I would rather have my gaze upon the king which is worth more to me than all the gold."

Most Friday evenings Ayáz would leave the palace and go to the city ruins, where he would unlock the door to a dilapidated hut, spend some time there, and then return. The courtiers tried to make a case of this habit, again in an attempt to discredit Ayáz. They presented the story that Ayáz had gathered together a fortune and hidden it in the hut and visited the hut every week to ensure its safety. They repeated this accusation so many times that the king decided to personally investigate the situation.

So, one time when Ayáz headed for the hut, the king and his companions, stealthily followed Ayáz. After Ayáz entered the hut, the courtiers stood by the door as the king followed Ayáz into the hut. The king saw only a stick of wood in a corner on which an old cloak was hanging and found Ayáz facing it.

Bewildered, the king asked Ayáz for an explanation. Humbly, Ayáz said, "Once a week I pay a visit to my former abode and gaze at my ragged shepherd's cloak—which I wore before being admitted to the palace—so as not to forget that I was a poor simple shepherd and now by the grace of the king I have attained such exaltation. I wish to remain steadfast and a devotee of yours and avoid pride barring me from rendering humble services."

The king was mightily pleased and turning to his courtiers said, "Now you know why I have made Ayáz a confidant of mine."

35

Purchase of Land for Access to the Shrine of the Báb

The following is a summary of 'Abdu'l-Bahá's statements about problems faced during the construction of the Shrine of the Báb:

The deputy governor of Haifa (Qá'im-Maqám) exerted vehement opposition toward the construction of the Shrine, holding the view that the structure in the south of Haifa was bewildering and against the rules and stating that because it was far from the city it could proceed only upon the sanction and decree of the Sultán.

The governor (Mutasarif) of 'Akká, though not a believer, was friendly towards us and appointed a three-man team to investigate the matter. The team was comprised of Amín Effendi, a believer, Sálih Effendi, who was associated with us, and a parliamentarian of the 'Akká governorate. They investigated and concluded that there was no cause for concern.

They submitted their findings to the governor of 'Akká who passed it on to deputy governor of Haifa, who rejected the finding. I personally went to the deputy and tried (to win his agreement). He said that he had no personal enmity but was afraid that he might later be questioned (if he agreed). I asked him what harm was perceived. He said we knew. We left his office together. I thought if I accompanied him to his house it might be fruitful. We arrived at his door and I noticed that it was useless. He climbed the first stair, then the second stair and as he was putting his foot on the third stair he just collapsed and died. I called out "Qá'im-Maqám, Qá'im-Maqám." No use, he was dead.

We proceeded with building the Shrine, but there was no access road. The access was very poor. We wanted to open another access. As much as we tried to buy the land involved, the owner declined to sell. The enemies of the Faith provoked him. After two months he agreed. Then he reneged. Again he agreed. Again he reneged. A third time he agreed and a third time he reneged. He said we should return to him the trees. We accepted. He asked for a fence between the properties. We accepted and told him we would build the wall. He asked for a mediator. Sádiq Páshá was named and he agreed.

We arranged for a meeting at Sádiq Páshá's house. The owner did not show up. Sádiq Páshá went to fetch him; still he would not come and Sádiq Páshá returned alone. I was extremely sad. That night I did not sleep, did not eat supper and did not even have tea; I did not meet with anyone, sat in darkness and said a prayer of the Báb. Close to dawn I fell asleep. Before noon, Ustád Muhammad 'Alí came and said that the interpreter from the German consul and the consul's nephew were waiting for me. I went to see them. The nephew said that a tract of land belonged to a German woman and we could have as much of it as we wanted. I had been sad and now I was happy.

I went to the land registry and found the documents related to the transaction all ready in the Consul's own handwriting and signed by him with no condition attached. I said that I would have to purchase it. He said that they had come forth to serve, to resolve problems, not for greed and profit. I said a wall had to be built. They went and built the wall, too. With utmost joy and happiness the access road to the Shrine was opened.

I ordered a marble casket with The Greatest Name inlaid in gold from Bombay. When it arrived, I did not wish it to be opened at customs and it was not opened. Later, the investigators came and alleged that a new Mecca had been built.

Were it possible for Násiri'd-Dín Sháh to come and see it all. Due to his evilness, for fifty years the Blessed Remains had no resting place, no land. Now he should come and see.

36

Salvation is in Truthfulness

One day 'Abdu'l-Bahá, talking about the benefits of truthfulness, related the following story:

A frightened man, set out to escape from the city. He took refuge with a man called Sulaymán who was wont to speak the truth and asked him for assistance to facilitate his escape. Sulaymán placed the man in a large basket and started walking toward the city gate while carrying the man in the basket on his head.

On the way he came across the enemies of the frightened man who blocked his passage and asked Sulaymán if he had seen a man matching the frightened man's description. Sulaymán replied, "Yes indeed. Right now he is in the basket on my head."

The enemies thinking Sulaymán was pulling their leg admonished him that the situation did not call for joking. Sulaymán insisted that he was telling the truth but the man's enemies, not believing Sulaymán, left while the man in the basket trembled in fear and was near death.

After they were safely outside the city, Sulaymán put down the basket and told him that he could get out as the enemies were gone. The man got out and, still trembling, objected to Sulaymán disclosing the secret.

Sulaymán replied: "Salvation is in truthfulness. Had I done differently we would have both been killed."

37

Jamíl Effendi

One day 'Abdu'l-Bahá related the story of Jamíl Effendi Al-Jarráh. After the episode of the murder of some enemies at the hands of the friends and the interrogation of Bahá'u'lláh, the authorities wanted to banish Bahá'u'lláh from 'Akká.

Early one morning, Bahá'u'lláh summoned 'Abdu'l-Bahá and asked him to have a large feast prepared as some government officials were to visit.

That afternoon some notable officials, including Jamíl Effendi Al-Jarráh, were passing by 'Abdu'l-Bahá's house and started talking about going to see 'Abbás Effendi ('Abdu'l-Bahá) for dinner. Some favoured the idea and some were not agreeable as no previous plans had been made.

Finally, the majority decided to go and upon arrival they were quite surprised that a huge feast had indeed been prepared. This unanticipated feast made quite an impression on Jamíl Effendi, leading to his embracing the Faith.

38

The Prince and the Preacher

One day 'Abdu'l-Bahá said: "We procured a car so as to facilitate the friends' pilgrimage but often the wheels would sink in the sandy soft soil of the road and we would have to ask people to help pull the car out. We did all that was possible to no avail." He then related the following story:

"There was a man renowned for his sermons and portrayals. A prince heard about this and sent an adequate sum of money and gifts inviting this man to go to the palace and perform. The man went to the palace, taking along a friend.

"When he ascended the pulpit, as he was very illiterate and a charlatan, he started: 'They inflicted upon the Prince of Martyrs (Imám Husayn) what had befallen no-one else, no-one else, no-one else. He kept repeating this for half an hour. The prince realized the man knew nothing and was a cheat and a charlatan, so he pulled him down from the pulpit and threw him in jail.

"After a few days his friend went to the prince requesting his pardon and freedom. The prince replied: 'Don't be in a hurry; he'll be freed if not today, tomorrow; if not today, tomorrow; if not today, tomorrow.'"

Then with a smile, the Master added, "the road will be built, because whatever I set My hand to turns out well."

39

The Sign of Stupidity

Dr. Baghdádí says that one day 'Abdu'l-Bahá related the following joke:

"A man was reading a book and noted that two signs are given for idiots and stupid persons: one is having a small head, and the other is having a long goat-like beard.

"He looked in the mirror and observed that both signs applied to him. He thought, 'I cannot enlarge my head but I can shorten my beard.'

"So, he held his beard over the flame of a lantern to burn off part of it, but all his beard caught fire and was singed to the end, rendering him beardless.

"Then he wrote in the book's margins: 'By God, the truth of what the book says has been proven.'"

40

Country

One day, while walking in the country, 'Abdu'l-Bahá related for Dr. Baghdádí:

"During the journey from Iran to Baghdád whenever we would reach the country or water, His Holiness Bahá'u'lláh would order that we all get off our rides and make some tea because Bahá'u'lláh loved the country a lot. He would say that the country is the place of the soul; the city, the place of the body."

41

Prejudice

'Abdu'l-Bahá, talking about prejudice, said:

"In Adrianopole, the Iranian Consul was a Turk from Tabríz and a very prejudiced man. Mostly, his prejudice was national. For example, if someone asking a question would inquire: 'Do you have something similar to this in Iran?' He would reply; 'We have a hundred thousand of it.' Or, if, for instance they would ask, 'Do you have, in Iran, someone like King 'Abd'ul Azíz?' He would say: 'We have a hundred thousand of him.'

"Then one day, at the Turkish army parade, someone asked the Consul: 'Do you have any army like this?' He said: 'We have a hundred thousand of it.' They asked; 'Do you have something as delicious as the rice pudding here?' He replied, 'In Iran we have seas full of rice pudding.'

"One of the Turks asked: 'Do you have such heavy cannons?' He instantly replied; 'We have a hundred thousand of them.'

"The inquirer got very upset and said; 'In this town we have some sex merchants, do you have them too?'

"The Consul immediately, without thinking, said, 'In our city we have a hundred thousand sex merchants.'"

42

Eastern Clothes

Dr. Baghdádí relates that one day 'Abdu'l-Bahá said:

"When we were in Europe I had advised all the friends to dress in Eastern style but sometimes Tamaddun'ul-Mulk secretly wore a western hat thinking I was unaware. One day, as it was My habit, I was sitting near the window in My room. When he was leaving (with his hat on) I called out, 'Tamaddun, Tamaddun (civilization, civilization).'

"Often on streets in Paris, the French low lifes made fun of us due to our Eastern clothing habits. One day, addressing them, I pointed to a statue of Christ and told them to observe His clothing. They said the clothing of the statue was made of stone. I told them His real clothes were made of cloth. They replied we do not have a tailor that can make clothes like that. I told them that we had such a tailor and thus we dress like Christ."

43

'Abdu'l-Bahá's Eating Habits

'Abdu'l-Bahá ate very little. When companions and pilgrims were around He would serve everyone first and after they finished He would begin. He took small bites and chewed the food thoroughly and He ate so slowly that it is hard to describe. He did not like meat much. He would occasionally have fruit; partaking of a mandarin orange or sweet lemon. Most of the time He would have milk, bread, cheese and vegetables. He particularly liked mint, tarragon and basil. Altogether, He was a small eater. He liked His tea hot. He slept very little, but He had a strong constitution and took long daily walks.

44

Dr. Van Dyke

Dr. Zíá Baghdádí has written in his memoirs that one day 'Abdu'l-Baha said:

"Thirty seven years ago I went to Beirut and visited Dr. Van Dyke at the American University. There, I spoke to him about the return of Christ and the signs accompanying its advent.

"Dr. Van Dyke said that according to the Gospel of St. John the signs include the darkening of the sun and that the moon and stars would fall as well as many other signs. I opened one of his books and read what it said about the heavens and their limitlessness.

"Then I asked him about the size of the sun. He said that the sun was one million four hundred thousand times the size of the earth. I asked him about the size of the smallest star in the sky. He replied that it was ten thousand times larger than earth.

"I said, therefore, the falling of a star on this planet is like the falling of the Himalayas on a poppy seed. He said that this was what his ancestors have always believed and that we must follow them. I told him that these things in the Book have other meanings. He was embarrassed."

45

Divine Inspiration and Satanic Instigation

Dr. Ziá Baghdádí writes,

"Once we went to the Pilgrim House in the company of 'Abdu'l-Bahá. When we arrived, among the pilgrims there was an American lady. She had married a noted physician and they had a son and daughter.

"When 'Abdu'l-Bahá came face-to-face with this lady, He told Dr. Ziá to ask this lady what secret she was keeping in her heart. The lady responded that she was thinking of an Iranian resident in the United States and that she felt attracted to him, but she was not sure whether that attraction was by the will of God or her own personal inclination. 'Abdu'l-Bahá remarked that any thought that drew one closer to God's Kingdom and oriented one's heart to God, that would be divine inspiration. And similarly a thought which removed one from God's Kingdom and focused one's heart elsewhere, that would be satanic instigation (fancy). This is the mark of divine inspiration."

46

Buhlúl's Quilt

One day at the behest of the Master, a group of companions including Mírzá 'Ázíz'u'lláh Varqá and 'Ázíz'u'lláh the tailor, in the company of the beloved Guardian, went to visit the Ridván garden, the Haram-i-Aqdas and Bahjí Mansion, riding in the Master's car.

After the pilgrimage, during which Shoghi Effendi chanted the Tablet of Visitation in a heavenly voice, the group returned to Haifa and attained the presence of the Master. 'Abdu'l-Bahá, who was in a joyous mood, related the following story during His usual discourse:

One night Buhlúl heard noises of a melee with cries and screams outside the door of his house. His wife asked him to go and find out what was happening. Buhlúl, who was not dressed for outside, donned his Arab headgear and wrapped himself in a quilt, as the weather was cold.

A group of youth engaged in a brawl suddenly attacked Buhlúl, grabbed his quilt and fled. Buhlúl returned, head bent down. To his wife's query as to what was happening, he said: "Nothing important. The fighting was all about Buhlúl's quilt which they took."

47

The Sand and the Layer

'Abdu'l-Bahá has related the following story to Dr. Baghdádí:

"Once upon a time a learned man named Sand was traveling with an illiterate person. When they left the city, the learned man asked the other: 'shall I carry you or will you carry me?' The illiterate man was surprised and replied: 'We are both riding; what kind of a question is this?' After a while they arrived at a farm. Sand asked the man: 'Do the farmers eat all that they have planted?' Again, the illiterate man was bewildered. After a while they reached the city gate where they found a dead man being carried away. This time, Sand asked: 'Is this body dead or alive?' The illiterate man got annoyed and replied, ' I am sure you are crazy; how could a dead man be alive?' Then they parted ways.

"When the illiterate man arrived home, his daughter inquired about his trip. The man related the encounter with Sand and his questions. The daughter whose name was Layer, replied happily: 'All these questions were puzzles; I can give you all the answers. When he asked you who will carry whom he meant whether you would keep him entertained by talking or he would have to entertain you. By his second question he was asking whether the farmers consumed their products or sold them. By his third question he meant whether the dead man had a son to keep his name alive? The daughter who had realized the intelligence of Sand, fell in love with him. As she was also renowned in the area for her intelligence they eventually got married. The well-known Arabic proverb that relates the story of the Sand and the Layer, refers to this story."

48

Sharing of One's Wealth Willingly

One day, 'Abdu'l-Bahá spoke to the pilgrims on the question of muvását, comparing the Bahá'í teaching with the Bolshevik approach for establishing social equity. He added that Mírzá 'Alí Akbar Nakhjavání had written a book on the Bahá'í teachings regarding solutions to economic problems, including the method of "muvását". The book highlighted the fact that in Bahá'í teachings the sharing of one's wealth is done willingly, with joy and delight, while Bolsheviks wanted to bring about equity by force.

Therefore, the rich should share their wealth willingly in order to avoid being forced to do so. Arabs and Turks turn to communism if they do not attain what they seek. The teaching on "muvását" mentioned in the sacred Writings means sharing of one's wealth willingly, as practiced by the Bahá'ís in Iran.

49

Trustworthiness

One day 'Abdu'l-Bahá related the following story about trustworthiness:

"Someone wanted to go to Mecca. He had some money and jewelry, which he placed in a box and entrusted it to his neighbour. When he returned and asked for the box, the neighbour, who was a merchant, denied even knowing the fellow and stated, 'you did not give me anything to keep.'

"The man complained to the governor and his distress and honest demeanor convinced the governor to pursue the matter. So, he summoned the merchant who once again, in the governor's presence, denied everything and asserted, 'I do not even know this man.'

"The governor asked the man: 'Where did you give the box to him?' The man said, 'under the tree.' The governor instructed the complainant to go and wait under the tree for an hour and then return.

"The merchant said to the governor, 'I am very busy and have to go; I cannot wait here because the tree is far away and this man won't be back for quite some time.'

"The governor replied, 'But you said you knew of no such tree.' Realizing the merchant was lying he ordered that the box and contents be returned to the man forthwith and exacted punishment against the merchant."

50

Absolute Certitude

One day 'Abdu'l-Bahá related the following story for the pilgrims and companions, in connection with qualities of sacrifice and detachment from worldly possessions and wealth:

In the days of the Blessed Beauty in Istanbul, there was a minor merchant of cotton by the name of Muhammad Javád. He desired wealth and besought the Abhá Beauty to make him wealthy. The Blessed Beauty assured him that he would attain his desire.

After a short while the Paris cotton stockpile caught fire and all the cotton there went up in smoke resulting in a sudden, extraordinary increase in cotton prices. Muhammad Javád who had his inventory of cotton intact benefited greatly and his business prospered and gradually he became notable among the wealthy. But he forgot his Master and turned away from Him.

After a while Bahá'u'lláh sent someone to him to remind him that worldly possessions were not worthy of affection but faith and certitude were important. Muhammad Javád replied to Bahá'u'lláh's emissary that the real God is gold, which was in his treasure chest. When the emissary returned to 'Akká and reported the exchange, the Blessed Beauty was saddened and said that God would seize it away from him the same way that it was bestowed upon him. In a short while Muhammad Javád's financial affairs started to deteriorate and he quickly lost all that he had amassed. Then he went to 'Akká and attained the presence of the Blessed Beauty and expressed remorse. The Blessed Beauty forgave him on the condition that he go to Bádkúbih and engage in transcribing tablets and assisting the friends. Muhammad Javád was thus honoured and stayed at the travelers guest-house in Bád-kúbih to the end of his life serving devotedly with absolute certitude and detachment and in apparent poverty, until he passed on to the Abhá Kingdom, faithful to the end.

51

Sin

One day 'Abdu'l-Bahá related the following joke:

"A Kurdish man had heard Bahá'u'lláh say: 'What sin have We committed that the world has risen against Us?'

"To which the Kurd replied, 'May my life be a sacrifice for Thee, Thou has risen up against all the kings of the world and art still wondering what sin Thou has committed?'"

52

An Anecdote about 'Abdu'l-Bahá

Dr. Ba<u>gh</u>dádí has written:

"One day we were in 'Abdu'l-Bahá's presence along with some companions. 'Abdu'l-Bahá jokingly said: 'May God come to your aid, may He assist you! You eat, drink, ride automobiles, rest and drink tea one after the other and eat oranges. How can you suffer so much and tolerate all this hardship? May God help you.'"

53

The Clever Indebted Farmer

A farmer owed five thousand túmáns. He planted a field of cumin. When the harvest was ready, he loaded his donkey to take it as a gift to the king, hoping that the king would pay off his debt.

As it happens, the king was walking about incognito so that the farmer did not recognize him. The king, seeing the farmer with his loaded donkey, asked him where he was headed. He said, "I'm going to see the king and am hoping that beacause of this gift I am taking for him he will pay off my debt of five thousand túmáns."

The king said; "What if he wouldn't give you even five hundred túmáns?"

The farmer replied: "I'd settle for four hundred."

The king said: "What if he didn't give you four hundred?"

The farmer replied, "I'd be happy with two hundred."

The king said: "And if he wouldn't give that?" The farmer replied, "I'd be glad to have fifty túmáns from the king's hand."

The king again said: "And if he wouldn't give you even that?" At this, the farmer uttered a curse and left.

Following this exchange, the king returned to his palace. When the farmer was given audience, the king asked him the purpose of his visit. The farmer related the story truthfully. The king was pleased with the farmer's truthfulness and courage and gave him more than he owed and granted him leave. The minister was unhappy about the king's extravagance, but the king said that he had rewarded the farmer's intelligence and wisdom. The minister asked for permission to follow the farmer and test his intelligence; if the farmer failed the test, he would ask for the money back. The king agreed.

The minister went after the farmer and caught up with him in the fields and said to him: "The king would like to ask you three questions; if you do not give the right answer you would have to return the money." The farmer accepted.

The minister said: "First question: Where is the center of the earth?" The farmer replied: "It is where you are standing. If you do not believe me, you can survey and measure it."

"The second question: How many stars are there in the sky?" The farmer replied "Equal to the number of the hair on my donkey's body. You can count them."

"Third question: How does God speak to His servants?"

The farmer said: "I am farther away from God. Please dismount your horse and let me mount it so as to get closer to God; then I can tell you how He speaks with His servants."

The minister got off the horse and the farmer mounted it and galloped away. The minister returned to the king quite tired after riding the farmer's donkey and related the story.

The king laughed so hard he fell off his throne.

54

The Fan

One day 'Abdu'l-Bahá, smilingly, related the following:

"The weather was very hot and I was fanning His Holiness Bahá'u'lláh. At this time a large wasp entered the room and was flying around His Holy Personage. Vehemently, I killed the wasp and the motion was such that it broke the fan.

"I said, 'O, you bothersome invader that caused the fan to break!' His Holiness Bahá'u'lláh said happily: 'You sure did him in!'"

55

Catholics' Attitudes

One day 'Abdu'l-Bahá related:

"In New York, the manager of a restaurant showed affection towards us and his heart was attracted. He would repeatedly request that I go to his restaurant and be his guest. Due to his persistence, I accepted. When I went to the restaurant, I noticed a change in his attitude because the cardinal had gone to him and in a meek, but meddlesome, manner had raised the question with of whether it was right to abandon Jesus, Who was the Son of God with a Divine message, in order to follow an Iranian.

"I left the restaurant and went somewhere else and kept silent. Then I set out for Washington and after proving the truth of Christianity in Jewish gatherings, the priest took advantage of my silence and gentle manner and began offensive activities, distributing insulting papers charging that the destroyer of Christianity was coming should be avoided. In spite of all this, I kept silent and said nothing and did not respond until I went to Denver. There the Cardinal heard the news and followed me. Presumably he had come to Denver to inaugurate a church.

"The day of the inauguration a large gathering was present. I found the opportunity suitable, broke my silence and, addressing the gathering, I said, 'O people, I have come here. I see, here, a religious spectacle. A spectacle that is without peer. This spectacle, this play, of His Holiness the Cardinal in Denver is like the play that His Holiness Christ presented in Jerusalem. There is only a slight difference. In that heavenly Divine Play, Christ had a crown of thorns, but in this play His Holiness the Cardinal has a bejeweled crown. In that play, His Holiness Christ had torn clothing while His Holiness the Cardinal has clothing of silk and gold-laced cloth. In that play, those who accompanied His Holiness Christ were always in trials and tribulations but in this play the Cardinal's companions are in utmost might and pride. In that play, people were all uttering indignities; in this play everyone offers praise and adulation. In that play humility, lowliness, meekness, supplication and imploring were evident; in this play, grandeur, wealth and might. That play was upon the Cross; this one upon apulpit bedecked to the utmost. This is the difference.'

"Truly how people are ignorant. They were relating what a good show it was. I said, 'His Holiness Christ suffered all these afflictions, tribulations, hardships and trials day and night. He was in the fields, alone and without means; His food was the plants in the field and on His head were thorns. His lamp was the stars above. Every day He meandered from field to field. Now, these gentlemen are in the utmost pomp and might, considering themselves apostles of Christ. An apostle should follow the example of the master in a way that all his actions and demeanor coincide with the teaching of his master. But these people have a lot of bequests and possessions and, night and day, are consumed by all manner of lust. Where is that detachment of Christ?'

"After that the Cardinal took his leave and has since abandoned any claim and challenge."

56

A Funny Story about Caesar

'Abdu'l-Bahá one day related that a comic French paper had printed the following story:

During one of France's wars, which had dragged on for a long time, people realized that the authorities and generals did not seem to be able to end the war. So, they decided to supplicate the Messengers of God, perchance They would bring the hostilities to a close.

First they went to Moses and said, "O Thou who held converse with God! The world is being destroyed. It is time you took the matter in Thy hands." Moses replied, "Count me out; Jewish people are a minority in every land and cannot assume the task."

So, they went to Jesus saying, "Thou art the Son of God. Free the world from this affliction, as Thou has promised." Jesus also declined and said, "I am a youth. If I descend to earth from heaven they will probably draft me into military service."

So, they went to Muhammad saying, "We testify that Thou conquered all the kings by the force of Thy sword. The time has come for Thee to rid the world from this war." Muhammad also declined saying, "The Turks dislike the Arabs, especially the Turkish general Jamál Páshá who has the noose always at the ready."

So they went to God and supplicated, "O God! Thou art the creator of the world; wilt Thou not have mercy upon us and free us from this affliction?" God replied, "True, I am able to descend to earth and free the world from this war, but I am afraid if I descend to earth, Caesar would take advantage of the opportunity and take over My throne."

57

Preparing for the Next World

One day, 'Abdu'l-Bahá related the following story, in the context of His talk about the need to prepare for the next world:

A young traveler arrived in a new land and found the populace in jubilant excitement. He asked an old man standing beside him the reason for the excitement. The old man told him that in their land it was customary to choose their king every year. "To do so, the royal falcon is released on the appointed day to soar above the multitude that gathers in the city square. When the falcon descends, the person on whose head it descends will be chosen king." The young man felt very fortunate to have arrived on such an auspicious occasion.

The falcon circled over the multitude several times and then suddenly dove down, descending on the young man's head. Cries of jubilation rose up from the crowd and people rushed forth to express their joy and pledge their allegiance. The young man turned to the old man and asked, "What do I do now?" The old man replied, "You are the chosen king; it is your will to do as you please and rule as you wish."

The young king, who was wise and knowledgeable, set to the task with determination and began devising a range of beneficial developmental projects. After six months, when he had built many schools, hospitals, roads and the like, he summoned his friend the old man. After formalities were exchanged, he asked the old man, "Tell me, what will happen after the year is over?"

The old man took the young king to an island which was uninhabited and where no development had occurred.

Without explaining anything to the young king, he wanted to point out that the island was his own future.

The perceptive king set to work the very next day, getting all the necessities for the development of the island together and starting with the task of preparing the island for habitation and the enjoyment of all, thereby guaranteeing his own future as well.

Then 'Abdu'l-Bahá concluded that the servants of the Blessed Beauty should always be mindful of the need to develop their island, which is their soul, for the next world.

58

Sa'íd and the Blind Shaykh

'Abdu'l-Bahá's words about the machinations of Mírzá Muhsin Khán, the former Iranian Ambassador in Istanbul:

One day, Mírzá Muhsin Khán invited Shakír Páshá to lunch and throughout the lunch time tried to convince Shakír Páshá that he was friendly toward Bahá'u'lláh. After lunch, Shakír Páshá attained the presence of 'Abdu'l-Bahá and said, "The Ambassador was expressing praises and adulations for all of you throughout lunch. He was probably trying to convince me that he was friendly toward Bahá'u'lláh. Or, perhaps, he was waiting to hear me say that I was friendly toward Him. But I played with him in a manner similar to the following story."

Sa'íd was one of Sultán Mahmúd's confidants. The Sultán was in the habit of issuing edicts of death against a large number of people whenever he was angry or perturbed. At such occasions, his ministers would dispatch Sa'íd to the Sultán in order to try to placate him. One such time when the Sultán was exceedingly vexed, Sa'íd went to his presence, and try as he might, he could not get the king's anger to subside. So, he suggested to the king that they both leave the city in disguise. The king agreed.

Outside the city gates, Sa'íd continued his efforts to calm the king but to no avail. They kept walking until they came to a cemetery. Tired, the king sat on a gravestone to rest a little. Sa'íd still pursued his efforts, unsuccessfully, to placate the king. Sa'íd then suggested that they walk over to a nearby orchard, perchance the king, being near flowers and greenery, would regain his happy disposition. The king refused.

Wondering what else to try, Sa'íd noticed a blind shaykh standing by a grave and reciting the Qur'an (according to Islamic belief, if a blind person offers prayers and supplications at a grave site, it will attract blessings regardless of whether the grave is the resting place of a man or a woman).

Sa'íd walked over to the blind shaykh and forcefully bumped into him. The shaykh cried out, "What is the matter with you? Are you blind and do not see me standing here?"

Sa'íd shouted back, "You are blind not to see me." The shaykh replied, "Yes, I am blind. How can I see you?" Sa'íd added, "I am blind too, and could not see you."

The shaykh, believing Sa'íd, began to apologize. The king was fascinated to watch this exchange. Sa'íd and the shaykh then continued to have a hearty conversation and Sa'íd said, "O, my brother, I want to share a secret with you. I have saved up 200 gold coins, but I have no expertise in assaying them. First of all, I am afraid that someone would take off with my gold as soon as I turn my face. Secondly, can you tell the difference between pure and fake gold just by feeling the coins?" The shaykh replied, "Yes, let me have the coins, I will examine them."

Sa'íd gave him the purse containing the coins. The shaykh felt the coins, counted them and then suddenly took off with them and hid himself behind a gravestone, thinking Sa'íd, being blind, would not be able to find him.

Sa'íd started shouting, "O, you cruel man. This is my entire worldly possessions that you took off with. Where are you? Are you not afraid of God?" Then, picking up a rock, he said, "O kind Lord, I beseech Thee by Thy might and power to cause this rock to hit this shameless blind thief on the head, for he has done me wrong and robbed me of my possession."

The rock hit the mark, but the blind <u>shaykh</u> kept his silence. Sa'íd picked up another rock saying, "O God, cause this rock to hit him on the back." And again the rock hit the <u>shaykh</u>, injuring him. Again the <u>shaykh</u> kept his silence. Sa'íd picked up a third rock saying, "O God, Thou has answered my plea. Now cause this rock to hit the treacherous thief on his heart." The rock hit its mark. The <u>shaykh</u> got up, threw down the purse of gold, and shouted, "Take your gold and leave me alone. I know you are not blind; I swear to God you are not blind."

Watching this scene, the king burst into a laughter and returned to the city in a good mood.

59

Conditions of Salvation or the Power of Persuasion

'Abdu'l-Bahá once said that to succeed, one must have good management skills, good intentions and sincerity in carrying out the task as hand. He then related the following story:

Abú Zilámih was a poet, gifted with wisdom and management skills which saved him from certain death on occasion. He was the royal poet in the court of the Caliph. He had composed many eulogies in praise of the Caliph, who rewarded him by enrolling his name in the army books which ensured him a regular monthly income.

In his poetry, he was of the habit of praising himself for such qualities as great strength and courage and assuming such titles as the lion of the jungle, the tiger of the den, the matchless mighty one.

One day the Caliph declared war on a rebel, called the Mighty Khurásání, who was a constant source of trouble to the Caliph's subjects.

After issuing the war edict, the Caliph's general, Nasr-ibn-i-Farah gathered together his army giving instructions that all those whose names appear in the army rolls must participate in facing off with the Mighty Khurásání.

Abú Zilámih sent a reply saying that he was a poet and not a warrior, but the army chief asserted that since Abú Zilámih's name was recorded on the rolls he had to participate. The poet declined. The general told him that he referred to himself as the lion and the tiger, and it would, therefore, be only proper that he participate. The poet remonstrated that those were only poetic expressions.

However, the general insisted that if he did not volunteer, he would be drafted forcefully.

The poet began crying. The general had his hands and legs tied and ordered that he be carried to the battlefield. The poet had to succumb.

The Mighty Khurásání was chief of a tribe that enlisted some twenty strong highway robbers who despoiled people of their possessions and inflicted all manner of tryanny.

When the battle was engaged, the Mighty Khurásání went to the centre of the battlefield, challenging one-on-one battle. The general sent in one of his best who presently met his death with a single blow from Khurásání. The same fate followed for the second, third, fourth and fifth. Then the general called on Abú Zilámih to step forth. Abú Zilámih remonstrated that were he to challenge the Khurásání, a similar fate would await him, and broke into crying.

The general called in the executioner, instructing him to behead the poet should he refuse to go and fight the Mighty Khurásání. The poet succumbed and replied that he would go, but he was very hungry and needed to eat first. The general asked him what he wanted. "Bread, kebab and wine and pistachio nuts." The general immediately had all this prepared for the poet, who wrapped the kebab in the bread and placed the sandwich in his pocket. In reply to the general's question as to why he was not eating them, he replied he would eat it in the battlefield, and presently set off.

When the Mighty Khurásání charged toward the poet he cried out, "O mighty warrior, I ask you a question: what would it avail you if you killed off the rest of our army? The Caliph would send in another army and then another. Your life and that of all your cohorts would be in jeopardy." The Mighty Khurásání conceded the possibility. The poet then said, "So, would it not be better for us to sit down here, enjoy the kebab and wine and pistachios, then gather the highway robbers and all of us go to plead to the Caliph and prevent this bloodshed? The Caliph would most probably pardon you and reward you." <u>Kh</u>urásání thought for a while and agreed to the suggestion.

The Caliph was quite surprised about the outcome. The general said, "Abú Zilámih defeated the adversary through the power of his wisdom and negotiating skills; so bloodshed was averted."

The Caliph was very pleased and rewarded the poet handsomely.

60

The Newspaper Editor and Onions

Dr. Ziá Baghdádí had one day invited a newspaper editor for lunch and a visit with 'Abdu'l-Bahá. At the dinner table, the editor asked Dr. Baghdádí about the benefit of onions. Out of respect he did not reply and looked toward 'Abdu'l-Bahá. The Master said that onions were very good provided that there were no delicious dishes such as meat or rice on the table. The editor expressed surprise at 'Abdu'l-Bahá's reply and said, "I have heard that onions thin the blood, help the digestion and increase the appetite, among other benefits."

'Abdu'l-Bahá, smiling, replied, "Very well, we'll invite you another time, will not prepare any food, and will put various kinds of white, red, green and dried onions on the table for you so that you may cleanse your blood, help your digestion and increase your appetite."

61

Halwa with Pepper

One day, 'Abdu'l-Bahá related the following story:

"In the course of the banishment from Tihrán to Bag<u>h</u>dád, an unforgettable event occurred. In Hamadan, as the weather was very cold, Karbilá'í Fadlu'lláh, who was the groom, took us to his own house.

"At night we had no lanterns. I was shivering due to the cold weather. The Blessed Beauty bought me a warm piece of clothing for three rials. But the cold was intolerable.

"One night we were going to have Halwa for dinner. We had a container in which all the implements for tea, such as cups and saucers and the tea pot, were kept. There were also sacks in which things like tea, sugar, salt, pepper and other condiments were kept. That night, in the dark, instead of sugar, pepper was put in the Halwa mix.

"When it was presented, we found it very spicy. But nothing could be done. We ate it and burnt our mouths."

62

Electric Light

When electricity was first brought to the Shrine of the Báb, 'Abdu'l-Bahá said:

"Praise be to God that we are all gathered at this Holy Threshold in perfect spirit and fragrance. We ordered electric power for the Holy Precinct and the Shrine of the Exalted One so that they are luminous inside and out. We even ordered a line for the Pilgrim House. This is all the bounty of the Blessed Beauty, may My soul be a sacrifice for His loved ones. All nations and governments of the world showed prejudice and enmity towards us. Yet we are gathered with such spirituality and joy visiting such a Holy Place as if we have no enemy. Electric lights are no comparison to gas and oil lights; they are far superior."

63

The Timid Káshí

One day 'Abdu'l-Bahá related the following story as a joke:

A man from Káshán was a timid man, but claimed courage. Every night he would prop up his rifle under a tree in the yard, tying one end of a long string to the trigger, and the other end to his index finger, waiting in his room for the chance of a jackel or fox to enter the yard so he could easily hunt it without any fear.

As it happens, one night he dreamt that a fox had entered the yard so he pulled the string, discharging the gun. Frightened, he let out a loud scream causing all the inhabitants of the house to wake up in horror and rush to his room, asking him what happened.

He replied: "I killed it, I killed it." They asked him what he had killed and he replied: "The horrible fox." They all ran out to the yard, but saw no fox. Returning, they told him, "Only in your dreams!"

64

Marriage Customs

One day 'Abdu'l-Bahá was talking about marriage customs in different cultures and religions and said:

Among Arab nomads it was customary during their wedding ceremony for the groom to stand on a high rock, and the bride to stand on another rock facing him.

The groom would address the bride in a loud voice saying, "I am standing on this rock, thou art standing on that rock, and God is a mighty witness. Verily, thou art my woman, my wife, and I am thy master, thy husband."

Similarly the bride would state these words in a loud voice. Thus they would become a true couple and bethrothed to each other, remaining faithful and devoted to one another.

65

Departing Iran for Baghdád

One day 'Abdu'l-Bahá was relating some memories of the journey from Iran to Baghdád. He said:

"In Iraq we arrived at a river and set up tent. On the other side, a tribal chief and his wife had set up tent; they were close and his wife was making rice. At this time, an Arab approached their tent and with utmost submission pleaded that they give him some rice. The woman told him to get lost and eat garbage. The Arab left and hid in a corner.

"When the woman was distracted and not near the pot of rice, the hungry Arab came stealthily, took the pot of rice off the fire and escaped rapidly, going to another part of the river, and started to eat the rice. When the woman found the rice missing and saw the Arab eating it, she was very distressed. Then the Arab turned to her and told the woman, 'Now I eat the rice; you eat the garbage.' The Arab spoke half Persian, half Arabic.

"If the woman had given some of the rice to the hungry Arab, the pot of rice would have been safe. After a while when the rice was all finished, the Arab washed the pot in the river and took it with him. The woman kept looking at him, feeling hungry, and cursing him."

66

'Abdu'l-Bahá's Dream

One day 'Abdu'l-Bahá said to Dr. Baghdádí:

"Last night I had a bad dream. I dreamt that I was in the country and around me were very large boulders. I was near a water spring and on top of me there was a very heavy quilt. I could not move the quilt, as it was very thick and heavy. Then I saw wild beasts coming close to me, such as a jackal, bear and fox. They were coming close to me to drink water, I tried to get up but I could not. Then in a loud voice I cried out 'Yá Bahá'ul-Abhá' so that the house shook and the bed cover fell off of me and I woke up and felt comfort."

67

Aptitude for Learning

One day 'Abdu'l-Bahá related the following story in connection with aptitude for learning sciences and gaining knowledge.

"A skilled craftsman made a very small box whose lock was the size of a grain of rice. He could put seven pieces of silver in it, each the size of a poppy seed. He took this box as a gift for the city governor.

"After he arrived at the governor's house, a man of science arrived. The governor turned away from the craftsman and began discussing things with the scientist. The craftsman was hurt; he left the governor's house and decided to study to become a scientist. The few people he approached did not accept him as a student.

"Finally, a shaykh was willing to tutor him, and as the craftsman had a very weak memory he conditioned the tutoring upon teaching him only one sentence a day.

"The first day the tutor gave him this sentence: 'The shaykh said: a dog's skin becomes touchable through the tannery process.' He repeated the sentence ten times.

The craftsman went home and began practicing.

"The next day he returned to the shaykh. The master asked him to repeat the lesson of the previous day. He replied: 'The dog said: the shaykh's skin does not become touchable through the tannery process.'"

68

Hunger

'Abdu'l-Bahá related the following story about hunger:

"A man who had not eaten for quite a while and was so hungry that he was close to death entered a village and noticed that everyone looked sad and perturbed. He asked: 'What is wrong, why are you all sad?' They said, 'Our headman is ill, he is very seriously ill.'

"He said, 'Lucky for you I am a doctor and I have come here.' The village people were exceedingly happy. He said to the village people, 'For now, bring me some bread, butter and honey because I am very hungry.' They brought him these and after eating he said, 'Bring me a quilt so I can sleep.' They did so and he slept.

"While he was asleep the headman passed away. The people came and woke him up asking, 'Why are you asleep? Our headman died." He said, 'What could I do? If you hadn't given me butter, honey and bread I, the doctor, would also have died."

69

Trustworthiness and Honesty: The Story of Hájí Sadíq

One day 'Abdu'l-Bahá said:

"There was a man named Hájí Sadíq who knew Me for 25 years, but disliked Me and behaved with enmity. Whenever he saw Me, he would turn his face away, or change his route. But he was a pious and honest man.

"As it happened, a man who had two wives and was enormously wealthy, passed away. In his will, he had designated Hájí Sadíq as the executor and trustee of his entire assets. After his passing, severe strain occurred between his widows and Hájí Sadíq, necessitating the involvolment of the city judge.

"One day, by chance, I went to see the judge. I noticed that Hájí Sadíq got up to leave the room in a disagreeable mood, causing the bewilderment of the judge and others present. The judge asked: 'What do you think of Hájí Sadíq?' I told him: 'Hájí Sadíq is a very pious and honest man; truthful and with integrity.'

"Subsequently, the widows asked My help and involvement. I told them: 'It would be best for Hájí Sadíq to be your advocate and straighten out your affairs; you would not find anyone more honest and truthful than him—even though he bears enmity towards Me. If you do not do so, you would lose a lot and the judge would take away what is yours. But they did not heed My advice and consequently they lost their wealth.'"

After a year, Hájí Sadíq married one of the ladies, who related for Hájí all that had transpired telling him: "Aside from 'Abbás Effendi ('Abdu'l-Bahá) you have no other friends as honest as He." Hájí was stunned asking her: "How can you say that?" His wife replied: "During the arguments, all those who professed friendship with you—such as the Muftí of 'Akká and others—instigated actions against you and only 'Abbás Effendi told us to designate you as our advocate because He found you to be an honest and pious man."

When Hájí heard this, immediately he went to 'Abdu'l-Bahá, prostrating himself at His feet, and asked forgiveness for the past. Later he became a believer and one of the companions.

70

The Devil Philosopher

'Abdu'l-Bahá once said in New York:

"The Iranian Consul, Mr. Tupukián, invited Me to lunch. When I arrived I found among the invited guests a devilish philosopher who seemed bent on irritating Me as soon as I arrived.

"He asked Me, 'Who has created the sun?' I replied calmly, 'God.'

"He asked 'Who has created the moon?' I replied, 'God.'

"In a ridiculing tone he said, 'The Devil has created small stars.'

"I retorted, 'No, but God has created some people with a devilish nature.' He felt ashamed and kept his silence without uttering another word."

71

Youth and Old Age

One day 'Abdu'l-Bahá said: "A youth without faith is old; an old man with faith is young. It is faith and certitude that keeps an old man always youthful."

72

The Walls of Paradise

One day friends and companions had gathered in 'Akká and were having rice pudding for lunch. 'Abdu'l-Bahá related the following joke:

"Kurds normally love rice pudding. A Kurd once asked the village shaykh: 'In the Qu'ran frequent mention is made of the figs, olives, grapes, and dates that we can partake of in paradise. Is there rice pudding as well in paradise?'

"The shaykh replied: 'Of course; the four walls of paradise are made of rice pudding!'"

73

Properties around the Holy Precinct

Dr. Baghdádí relates that one day 'Abdu'l-Bahá spoke about the purchase of a piece of property around the Holy Precinct, saying:

"Jirjís Jamál was a fanatic Protestant and was not prepared to sell the property under any condition. He had an olive grove there. He used to say to people, 'I will baptize 'Abdu'l-Bahá.'

"One day he had found a book about His Holiness Muhammad's Ascent to Heaven (Night Flight) and was reading it. He asked, 'I want to know how Muhammad could ascend to heaven.'

"I replied, 'Using the same ladder that Christ used, Muhammad ascended to heaven.' He was very upset and angry at this reply, as some fifteen of his friends were with him at the time of this exchange.

"As long as he was alive, he did not sell us the land. After his death, they buried him on his property and finally his brother sold us the land. Bahá'ís stipulated the removal of his remains as a condition of the transaction.

"So, his brother opened the grave and removed the remains and buried them in Nazareth. It was due to his refusal to sell the land that God forbade his burial on the property."

Property around the Holy Precinct

The Gate to the Holy Precinct

Section C

Bahá'í Sources

74

Absolute Self-Abnegation

Mírzá Mahmúd Furúghí was a noted Bahá'í in Khurásán and ranked in the forefront of the defenders of the Cause of the Almighty. Nothing perturbed him and he feared nothing, nor hesitated in his service.

After the Ascension of 'Abdu'l-Bahá he traveled far to delight his own eyes by beholding the Sign of God on Earth. After he had attained the Guardian's presence for a whole week, he had heard nothing from the beloved Guardian's mouth other than descriptions of institutions of the Faith and how to strengthen them.

Finally, the day arrived when, in the reception room, he found himself seated across from the Guardian. With his impressive and awe-inspiring figure, he was still the picture of devotion and surrender. Placing hands on his knees, he pleaded to the Guardian in a loud and eloquent tone: "Beloved Guardian, during the time of the Master, he often bestowed verbal and written honorifics, but so far your honeyed tongue has not granted any such favours."

The beloved Guardian, with a winning smile and in utmost kindness and affection asked: "For example, what title was granted to you?" Mr. Furúghí replied in his deep voice: "He addressed me as the general of 'Aramram Army."

The Guardian responded in utter humility: "I am one of the soldiers of this army. What can I say?" Mr. Furúghí was deeply moved by this heavenly reply; tongue-tied he quietly left the Guardian's presence and on foot went to Mt. Carmel to pay pilgrimage to the Shrine of the Báb. In a remote spot he prostrated and, seeking forgiveness with tears in his eyes, he kept saying: "Please forgive me; I was ignorant, now I know."

Mr. Faízí

131

75

'Abdu'r-Rahím of Bushrúyih

'Abdu'r-Rahím of Bushrúyih in Khurásán was a fanatical Muslim, deeply annoyed at the people embracing the Bahá'í Faith.

One day he went to the village mullá and asked how he could insure going to heaven. The mullá told him that if he killed one Bahá'í, in the next world he would go directly to heaven. He was in search of an old weak Bahá'í so that by killing him he could end up in heaven. After a while he found his target and early one night he went to the old Bahá'í's house. The Bahá'í fellow warmly invited him in for dinner. He accepted. After dinner and tea, the host took 'Abdu'r-Rahím to the house of the sister of Mullá Husayn of Bushrúyih for discussions. Within a day he embraced the Faith and was so on fire that he decided to go on pilgrimage and departed for 'Akká as soon as permission was granted him.

When he arrived, Bahá'u'lláh was in prison in the fortress and for Bahá'ís gaining entrance was extremely difficult. Outside the gate he first washed his clothing and facing the prison cell he started to pray. Suddenly he noticed a hand from the prison cell was beckoning him. Assured that he had been summoned, he passed by the guards very confidently and entered without any problems and proceeded toward Bahá'u'lláh's room. The Blessed Beauty said, "We caused the guards to be unable to see you" and gave him a number of Tablets to take back to Iran and deliver to their recipients.

It so happened that in Baghdád the police became suspicious toward him. He sensed that if the police found those Tablets on him, they would kill him. So, passing through the narrow lanes, he said a prayer and as he was passing a shop he tossed the package of Tablets inside the shop.

A few minutes later the police did, in fact, arrest him, but after a short interrogation and searching him, they released him as a foreigner.

On his return, he went by the shop into which he had tossed the Tablets. When it was safe, he approached the shop owner who warmly greeted him with "Alláh'u'Abhá."

'Abdu'r-Rahím realized that of all the shops, he had been guided to toss the Tablets into the single shop whose owner was a Bahá'í. So the Tablets, thus saved, were delivered to their recipients safely when he returned to Iran.

Adib Taherzadeh

76

Ustád Ismá'íl 'Ubúdíyat

Ustád Ismá'íl 'Ubúdíyat was a shining example of courage and self-sacrifice and was the recipient of his Beloved's pleasure throughout his life.

After becoming a Bahá'í, he walked on foot all the way to Beirut, in order to attain the presence of 'Abdu'l-Bahá. There he set out to meet with Muhammad Mustafá Baghdádí who was at that time responsible for arranging pilgims' travels. Mr. Baghdádí asked this forlorn lover whether he had obtained permission to attain the presence of the Master. Instead of replying, Ustád Ismá'íl asked, "On which side of the sea can the Master be found?" Mr. Baghdádí, knowing nothing of how Ustád Ismá'íl was forgetful of self, pointed toward the Holy Land saying "far off there."

Ustád Ismá'íl started to take off his clothes with the idea of swimming the distance to the other side of the sea. Mr. Baghdádí who had not seen such devotion and distraught behavour managed to convince him that permission from the Master was necessary and then immediately wrote 'Abdu'l-Bahá about the situation. Ustád Ismá'íl waited patiently for permission. He records the story of his pilgrimage thus:

"When I entered the Blessed House I was ushered to a room and was told to wait until the Master arrived. While waiting, in that short time, all the events of my youth paraded before me. I remembered that before embracing the Faith, during a fight, I had broken open the head of a ruffian in Qum and in anger had also roughed up my own sister by throwing her out of the window into the garden. I had climbed many peoples' orchard walls and committed many other unseemly acts. When remembering these I said to myself: 'With this background it is best not to set my eyes on the beauty of the Beloved; I should return, heading back to my abode.' Suddenly the door opened and I found myself in the warm embrace of my Master."

Ustád Ismá'íl had the great honour of carrying the Holy Remains of the Exalted One; once in Qum he carried the Casket to his home and kept it in hiding and a second time, after the completion of the Shrine, when 'Abdu'l-Bahá had instructed the interment of the Holy Remains in the Shrine, Ustád Ismá'íl was honoured to carry the Casket to its resting place.

77

Nabíl in Prison in Egypt

Excerpted from *The Beloved of the World:*

When the Blessed Beauty was in Adrianople, He instructed Nabíl to go to Egypt to secure the freedom of Hájí Mírzá Haydar 'Alí and six other friends imprisoned in the Egyptian ruler's jail as well as to spread the teachings of the Cause of God. Nabíl went to Egypt but as a result of accusations and destructive activities made by the Iranian consul, Nabíl ended up in jail. This event coincided with Bahá'u'lláh's transfer from Adrianopole to 'Akká. The location of Nabíl's jail was in Alexandria, overlooking the sea.

The Blessed Beauty and the Holy Family travelled with the inadequate travel facilities of the time, until they reached Alexandria where Nabíl was imprisoned. When Nabíl was thrown in jail, at first he was very unhappy. He had, as a fellow prisoner a Christian priest named Fáris Al-Khúlí. Nabíl made friends with him and discussed the Faith with him until he was convinced of the return of the Heavenly Father and became a believer.

One day this man went outside the prison cell. Nabíl was downcast; he was alone for a few hours and was looking out of the cell window. Suddenly he saw someone pass by the window who looked familiar. Observing closely, he noticed it was Áqá Muhammad Ibráhím, the over-seer. Áqá Muhammad Ibráhím was the man who oversaw Bahá'u'lláh's household expenditures. Nabíl was surprised to see him and called out: "Áqá Muhammad Ibráhím, Áqá Muhammad Ibráhím." He noticed and came to the prison window. Nabíl inquired about events. Áqá Muhammad Ibráhím said; "The government has transferred the Blessed

Beauty. They are in the process of changing vessels. I have come with officials to get provisions and take them back to the ship."

This was great news for Nabíl to hear about Bahá'u'lláh being on the ship. The fire of separation engulfed his entire being and he remembered a dream in which the Blessed Beauty had told him that in eighty one days he would experience a very joyous event. The encounter with Áqá Muhammad Ibráhím was exactly eighty one days after his dream. But the prison bars prevented him from attaining the presence of the Blessed Beauty. Yet, the very news of the Abhá Beauty's arrival at Alexandria's docks blew a new life into Nabíl. He got up and started to dance and recite poetry. It was a habit of Nabíl's that whenever he was happy or very sad he recited poetry.

Meanwhile, the priest arrived and found Nabíl in a different mood. He asked Nabíl what event had made him so overjoyed. Nabíl embraced his companion and showered him with kisses and had him join in the exuberant dance of joy. The priest kept asking what had transpired. Nabil kept reciting poetry and offering prayers of gratitude. Then he related the story that Bahá'u'lláh and companions were at the docks and on government orders were being sent to 'Akká. Then the two of them went on the roof of the prison and watched the ship from a distance. Nabíl asked the priest what they could do. The priest consoled him and said that although going to the ship and seeing the Blessed Beauty was not possible for them, they should each write a request for this. Perchance an acquaintance might come to visit them in prison and take their pleadings to the ship and deliver them.

They both wrote their requests. The priest's letter was long and written in bombastic Arabic. They waited for the miracle of a visitor coming. As it happens, the priest had a friend, a watch-maker called Constantine, who came to visit him. Nabíl and the priest were very happy. The priest told Constantine; "God has sent you here for a mission; take these letters, go to the ship and ask for Áqá Ján Khádim'u'lláh and give him these letters." Constantine took the letters and set off on his mission. Nabíl and the priest went back to the prison roof to watch.

Constantine arrived at the docks and got into a boat heading for the ship that had anchored off-shore. Suddenly, Nabíl and the priest noticed the ship pulling up its anchor and starting to depart with a piercing whistle. The ship's engine could be heard and the boat could not reach the ship. The priest started to wail and Nabíl's joy turned to anguish and he also began to cry. Their gaze was fixed on the departing ship with the boat in pursuit. Suddenly, after a few minutes, as if something was awry, the ship's engine cut off and it stopped. It became apparent that the captain had noticed the boat in pursuit and had stopped the ship. Constantine got to the ship, delivered the letters and conveyed Nabíl's servitude.

The letters were taken to the Holy Presence by Mírzá Áqá Ján. At Bahá'u'lláh's bidding, the priest's letter was read aloud. On the spot a tablet was revealed addressed to Nabíl. 'Abdu'l-Bahá added a package containing some handkerchiefs, a few vials of perfume and some dried flowers for Constantine to share with the priest. Upon the completion of his mission, Constantine was exclaiming: "I swear I have seen the Holy Father!"

78

Kings Embracing the Faith

Once in a while, the friends from around Khurásán would travel to Mashhad for business or to visit with friends. Among them was Hájí Sháh Khalíl'u'lláh Big Fárání, well-known by Bahá'ís throughout Iran and well respected by the rank and file in his own area. He was one of the world's most blessed men as he was born into an environment of dignity and certitude and nursed in the bosom of the Faith. He was brought up with good health, in grandeur and wealth, and displayed to the fullest praiseworthy character and conduct. In his youth he had attained the presence of the Blessed Beauty accompained by his father. He had also attained the presence of the Master and twice met the beauteous Chosen Branch (the Guardian).

One night, in a gathering, he was reminiscing about his attaining the presence of the Ancient Beauty, relating that one day the Blessed Beauty had told his father He would be visiting them that day. "As indicated, that evening He, along with some companions, descended to our abode showering us with much blessing and joy.

"When the time came to depart, we saw the Blessed Beauty to the door. At the door He bade us not to go farther. I stood spell-bound watching His majestic figure and bearing until He disappeared at the bend in the path. Then I said to myself, in a state of ecstay, what would happen if the kings would recognize the Ancient Beauty and arise to serve His cause and bring fame and glory to the Cause. The next day, when we attained His presence, He turned to me and with a world of sweetness and grace said: (unauthorized translation)

"'If the kings were to embrace and rulers and ministers were to enter the cause, how could you find the chance to enter the threshold, attain the presence and have the bounty to be addressed by the Lord of Hosts? Yes, kings will also embrace the Faith and the Cause of God will be magnified even outwardly; but this will be at a time that the meek of the earth will have won the prize in the field of servitude and action.'"

From: *Bitter and Sweet Moments*
'Azíz'u'lláh Sulaymání

79

A Story about the Life of Jináb-i-Hájí Mírzá Siyyid Muhammad, Uncle of the Báb

This story is about the time when Jináb-i-Hájí Mírzá Siyyid Muhammad lived in his house near Sháh Chiráq and the New Mosque, and demonstrated the purity of his heart and good motive.

He was of the habit to say the customary prayers and meditions just before retiring to bed and would usually not partake of dinner but save it for morning meal.

One night a burglar entered his house, went to his room and, assuming that the Báb's uncle was asleep, he began to gather various articles. After he was done, before leaving the room, the Báb's uncle, who was awake, addressed the burglar and said to him; "O, brother! You seem to be a poor and needy person; otherwise you would not come here at this time of the night. I will not bother you; do not be afraid. You are probably hungry as well. Our kitchen is at the end of the yard and rice and topping is there. Take some with you to your house and share it with your family in good health. When you leave, slam the door shut and go in peace." The burglar was at first frightened and surprised. He told the uncle to go back to sleep. But then he decided to trust the uncle; went to the kitchen and besides the valuables he took some food as well.

When he got home, he related the story to his wife who was stunned at the uncle's kindness and humanity and severely rebuked her husband for having gone to a Siyyid, a descendant of the Prophet, and stolen his belongings, adding "under these circumstances I am not your wife; either return everything to him and beg his forgiveness or I will return to my father's house and you will not longer see me." The burglar who was himself ashamed of what he had done, accepted his wife's suggestion and early the next morning took the stolen property back to Mírzá Siyyid Muhammad's house. He noticed the door was closed as he had left it himself. He opened the door, and went inside and found the holy Siyyid performing his ablutions. He related for him the conversation with his wife and begged forgiveness.

The Báb's uncle consoled him, and with great affection said, "My dear son, I feel you are a good and honest man; poverty and need have led you to this unbecoming act. If you stop such unacceptable behaviour I will give you a job and provide for you and your family." The burglar, whose name was Mand 'Alí, was profoundly affected by these words and promised to change his behaviour completely. The Báb's uncle then housed the man and his family in a small house adjacent to his own house, provided them with necessary furnishings and gave Mand 'Alí a job in his own commercial business in Custom's Place in Shíráz.

The fortunate burglar Mand 'Alí became acquainted with the new Cause of God as a result of association with the Holy Uncle and his family, and became a believer. After a while, he even went on a pilgrimage to Mecca in the company of Hájí Buzurg, the young son of the uncle. Most importantly, in this same trip, he attained the presence of the King of Glory, Bahá'u'lláh, and even received a Tablet revealed in his honour through the bounty of the Blessed Beauty and adorned by His seal. In this Tablet, He says, "A soul deprived of all goodly deeds from the beginning that hath no beginning, today it is possible to attain to that station; for the ocean of forgiveness hath surged in creation and the heaven of pardon has been upraised."

From a talk by Fírúzih Abrár at the 'Irfán Gathering, June 1997, Acuto, Italy

Fírúzih Abrár

80

The Bath

During 'Abdu'l-Bahá's stay in Haifa, clean and appropriate baths were not available in the city, so the friends and companions were desirous to construct a bath for the Master. When Ustád Áqá Bálá, the Caucasian builder, came for pilgrimage, Dr. Yúnis Khán and Hájí Mírzá Haydar 'Alí came up with a plan to ask Ustád Áqá Bálá to beseech 'Abdu'l-Bahá for permission to construct a bath in the Master's residence.

Ustád Áqá Bálá pleaded with the Master and, as he was a sincere believer, his request met with the Master's agreement. Áqá Bálá immediately obtained some materials and began building a bath under the stairs of the outer structure; he wrote to his friends in Beirut to purchase a metal shower with proper fixtures and to dispatch them without delay.

Three days later, just as the construction had begun, when the friends were in His presence, 'Abdu'l-Bahá asked Áqá Bálá, "Ustád, is the bath ready?" Áqá Bálá, in an anxious manner, replied, "No, beloved Master; I am at it and the material from Beriut has not arrived yet." The Master continued, "When will it be ready?"

As Áqá Bálá struggled to provide a reply, 'Abdu'l-Bahá, with a sweet smile, said, "Our story is like the Arab fellow who did not have a head-gear for three years and went everywhere exposed to the heat and cold, rain and snow with his head not covered. A generous man came along and took pity on him and wanted to get him a turban; so he took him to a cloth merchant and ordered some cloth. As soon as the merchant reached for the cloth bundle to measure and cut the requested material the Arab did not wait and started to wrap the uncut material around his head. The merchant asked him to wait so he could measure and cut the material. The Arab fellow said, "How long am I to wait? I'll catch a cold."

From Dr. Yúnis <u>Kh</u>án's *Memories of 9 Years.*
Dr. Yúnis Afrú<u>kh</u>tih

81

Self-sacrifice

An young Iranian lady, whose parents were devoted pioneers in Stuttgart, was a student there. One day, while disembarking from a street car, both her feet were run over by the wheels of the street car, resulting in the left ankle being broken and the right foot being totally crushed. In the hospital, where Hand of the Cause of God Mr. Mühlschlegel and his wife were present, the team of surgeons decided to amputate the foot.

The Mühlschlegels opposed the decision, insisting on surgical treatment. The surgeons replied that even if someone were to be found prepared to attach to the patient's foot to their own body, in order to feed the the damaged tissue and vessels, the prospects of healing were limited.

To everyone's amazement, Mrs. Mühlschlegel offered to be the host. Thus the patient's foot was attached to the self-sacrificing lady's body for fourteen days while she accepted the suffering with great forbearance and dignity, endangering her own well-being in order to save her fellow human being. Thus, through the sacrificial act of a German Bahá'í woman, the Iranian lady's foot was saved.

Beloved Hand of the Cause, Mr. Furútan, relates: "I went to visit the patient whose foot had been separated from Mrs.Muhlschegal's body and heard the story directly from the patient. Then I hastened to visit that self-sacrificing and kind woman and saw first-hand the qualities of a true Bahá'í and was enchanted by her sincerity and detachment. A few years later I happened to meet that young lady who was now a university graduate, and a married woman, and found out that one toe had been removed but the foot had been saved."

From: *The Story of my Heart*

Mr. Furútan

82

Hájí Muhammad Taqí-i-Nayrízí

Hájí Muhammad Taqí-i-Nayrízí was one the wealthy
merchants of Nayríz, who embraced the Faith and spent
most of his wealth in furthering the interests of the Cause.
Eventually he joined the company of believers at Fort
Tabarsí. Another one of the company at the Fort was Áqá
Siyyid Ja'far.

After the believers left the Fort, Hájí Zayn'ul 'Ábidín
<u>Kh</u>án, the governor of Nayríz, asked the military com-
mander to surrender to him Hájí Muhammad Taqí and
Áqá Siyyid Ja'far, as Hájí Muhammad Taqí had caused
most of the costs of the episode of the Fort. The governor
stated that he wanted to punish and kill these two in a
befitting manner, as he held them responsible for the four
hundred lives lost at the engagement; one of them was a
divine and thus had misled the victims while the other
had led them astray with his wealth.

The commander delivered them to the governor who
threw them in jail, put them in chains, and inflicted
torture on them.

Meanwhile, famine struck Nayríz. The governor had
a silo full of corn. He ordered that every family be given
three kilos of corn, provided a representative of each
household spat at Hájí Muhammad Taqí and Áqá Siyyid
Ja'far. Then the governor ordered that every morning the
prison keepers take the two to the houses of people, bas-
tinado them and whip them until the owner of the house
would offer some money according to his ability and re-
lease them from being whipped. When their feet would be
all swollen up and injured, they would be carried back to
the prison.

In Hájí Muhammad Taqí's case, the governor had also ordered that every morning he be taken out of his cell and thrown in the large pool in the yard while a few guards surrounded the pool. As soon as Hájí would come up in the pool they would beat him over the head with sticks to the point of bleeding. As a result of these blows, his head was so badly injured that it affected his eyesight and he could no longer see.

This situation lasted for nine months until, one night, the governor's wife had a dream in which several black robed women descended from heaven saying: "Woe betide Zayn'ul 'Ábidín who treats the descendant of the Prophet in this manner." The wife woke up frightened and awakened the governor, relating for him her dream.

The governor refused to accept this and told his wife that she was just imagining, and that the afflications should continue until the two victims died. However, the wife was not content with the reply; the next day she sent for the reeve of Nayríz and instructed him to take several mules to a certain spot beyond the city gate three hours into the night, and not to disclose the matter to the governor. Then she sent for Siyyid Ja'far's wife, telling her to go outside the gate and wait for Áqá Siyyid Ja'far. Then she sent two porters to the prison in the middle of the night to carry Siyyid Ja'far and Hájí Muhammad Taqí on their backs and take them beyond the city gate, delivering them to the reeve and Siyyid Ja'far's wife.

It had been arranged that the distance between Nayríz and Hirát (approximately one hundred kilometres) be traveled during the night, and the two be delivered to the care of land owners of the area. However, when they arrived at Namúrí village, the village head was profoundly affected by their sad state and kindly decided to look after them. As much as the mule keepers insisted on taking them beyond that point, the headman would not concur and accepted all responsibility for any problems that might occur.

The next morning, the governor, sitting at his desk as usual, asked for Hájí Muhammad Taqí to be brought out of jail and thrown in the pool. When the jail keepers told him about what had transpired, the governor was struck with extreme anger and hostility. He ordered that a horseman follow the prisoners with all speed and capture and return them before they could reach Hirát.

When the horseman reached Namúrí village, the headman gave him a five túmán bribe and told him about the involvement of the governor's wife. Therefore, the horseman returned and told the governor that the victims had passed beyond the borders and reached Hirát.

Meanwhile, the headman immediately dispatched the passengers to Hirát, ordering that they be delivered to the care of land owners and obtain written confirmation of safe arrival.

The land owners exerted the utmost kindness and care, putting at their disposal lodging and servants, all their necessities, and a special physican to treat their injuries. After a few months, when the wounds were healed, the victims wanted to return to Nayríz, but the villagers prevented them from leaving saying that they needed a preacher and religious doctor. Consequently, Áqá Siyyid Ja'far remained in Hirát for five years. Hájí Muhammad Taqí headed out toward Baghdád to attain the presence of the Blessed Abhá Beauty. However, on the way he engaged in teaching the faith resulting in a mob beating him to the point of near-death, throwing his half-dead body outside the city near a brook where he fell asleep.

He dreamt he had attained the presence of Bahá'u'lláh—even though he had not met Bahá'u'lláh up to that time. In his dream he threw himself at Bahá'u'lláh's feet, who told him, "We protected you so you could visit Us alive." Hájí responded that he had neither any money nor the energy to move. Bahá'u'lláh told him, "But you have reliance (on God)," to which he responded in the affirmative.

When he woke up, he noticed, to his surprise, a caravan tented nearby, having Karbilá as their destination. Then he saw a man leaving the tent, coming directly toward him, telling him to follow. After he entered the tent, he saw a handsome man addressing him respectfully, saying; "Last night I dreamt of Imám Husayn who pointed you out to me and bid me to have you as my guest all the way to Karbilá." So he gave Hájí a horse and provisions and they all headed out toward Karbilá. The man did not even ask Hájí's name and particulars, and Hájí arrived in Baghdád in utmost comfort and ease. There he separated from his host, telling him; "He who came to your dream came to my dream as well and bid me to go to Baghdád." The host, overcome with great joy, exclaimed that he had been told to offer hospitality all the way to Baghdád and not Karbilá.

So Hájí was able to attain the presence of Báha'u'lláh, realizing he was exactly the personage he had seen in his dream. Bahá'u'lláh showered Hájí with bounties.

From Málmírí's Memoirs, A Treasury of Bahá'í Stories

83

"S͟haraq" Story

During those days when the atrocities of the Covenant-breakers were in full force and their instigations ceaseless, friends and companions of the Master, though sorely sad and distraught, maintained their composure and seldom spoke out about it and their gatherings often would end with special silent dignity.

One day, Ridá the candy-maker, a wise old man among the captives, suddenly broke the silence and fearlessly pleaded with the Master, "O, beloved Master, we can no longer tolerate all this. How long shall we put up with it? Why does the sea of God's vengeance not surge forth? How far will the Master's patience endure?"

The beloved Master listened to all Ridá had to say with patience and dignity and with that special glance and smile replied: "Yes, the chalice of calamities in the path of the Blessed Beauty must be of many varieties to bestow the complete intoxication. Were they to be all of one kind, perfect intoxication would not follow. At the festive table of God, different drinks must be partaken to attain that perfect intoxication." Such joy and ecstasy eminated from His words that it permeated the very atoms of those in His presence.

Then He added: "Those who drink alcoholic beverages, in order to attain full intoxication, partake of a variety of such drinks: for instance, they have some s͟haráb (wine), then 'araq (like vodka), then cognac, then whiskey and champagne until they lose all consciousness. So, we also drink of the chalice of calamities in all its varities."

Then suddenly, turning to Dr. Yúnis K͟hán, he asked; "Is that not so, Jináb-i-k͟hán?" Yúnis K͟hán, ever ready with an answer, replied: "Yes, beloved Master, and they drink something else also."

'Abdu'l-Bahá asked what that was. Yúnis Khán replied: "They mix sharáb with 'araq and call it sharaq.*"

The beloved Master burst into laughter, His tear-filled eyes looking toward heaven and with His unique smile said: "Yes, as Jináb-i-khán says, We also drink sharaq, we also drink sharaq."

That night for many hours He spoke about the future of the Cause, the exaltation of the friends and the abasement of the Covenant-breakers.

From Dr. Yúnis Khán's *Memoirs of 9 Years*

*This is a made-up word comprised of parts of the Persian words for wine and vodka.

Dr. Yúnis Afrúkhtih

84

A Six Year Toil

A noted physician in 'Akká, who was unfriendly toward the Faith, was once called upon for his services. He rendered the requested care with utmost diligence and two or three times a day visited the patient showing great care.

But the bill for the services that he submitted in the end was so exorbitant and beyond expectation that it surprised 'Abdu'l-Bahá, who stated that enmity reflects in one's face and it is clear that the doctor carried religious hatred. "But in treating the patient he had exhibited such good nature as to surprise me. I said to myself 'I know how unfriendly he is toward the Faith.' When his services were finished and he sent the bill I saw that he had charged ten times the value of his services and I immediately paid it off and am glad that I had known his true nature."

Then, He related the following story:

"There was a shaykh, a student of facial appearances, who left his country, settled in Egypt and studied the science of facial appearances. After six years' toil and hardship, living in a foreign land, he passed his final exams and practicum, obtained the necessary diplomas, and merrily headed back to his country, riding on his donkey.

"On his way, whomever he met he would study carefully as if practicing his discipline. One day he saw a man from a distance in whose face he could trace the signs of stinginess, jealousy, greed and meaness. He said to himself 'What a strange face; I've never seen the like of it before. I'd better make his acquaintance and try my knowledge and skill.'

"As he was pondering these thoughts the stranger arrived at his side, greeted him warmly and with joy, grabbed hold of the rein of the scientist's donkey and inquired: 'Your eminence, where are you coming from and where are you going?' The <u>shaykh</u> said, 'I am coming from Egypt and am headed for such and such a city.' The stranger said, 'sir, this is a long way away and it is getting late. My abode in near. It is best that you honour us tonight and stay with us.' The <u>shaykh</u> noticed that the stranger's behavior was quite different from his facial appearance and became rather doubtful of his own accomplishments, but accepted the invitation in order to test his own knowledge.

"So, he went to the stranger's house where he was treated with joyful hospitality and was treated to tea, sweets, beverages, water, and pipe smoke, all the while the host insisting that the guest partake of the provisions.

"Each time that the host would offer something else, the <u>shaykh</u> would sigh and quietly tell himself, 'I toiled for six years and studied a science whose falsity is now proven.' And when the dinner table was spread he said to himself, 'What a grave mistake I have made, I did not distinguish between a stingy and generous man.' Hardly finishing his dinner, the <u>shaykh</u> went to bed in a low mood and when he wanted to depart early the next day, the host displayed great eagerness to keep him and in the end managed to convince the <u>shaykh</u> to stay for lunch and did his best to provide for the guest's comfort and pleasure. In short, the <u>shaykh</u> spent three nighs and three days with his host, upon the latter's unremitting insistence.

"Finally, when he decided to leave, the host prepared his donkey, held the rein respectfully until the <u>shaykh</u>

mounted and then submitted a bill to the <u>shaykh</u>. The guest thinking it was a further parting gift asked, 'What is the envelope for?' The host said, 'It is your bill.' The <u>shaykh</u> said, 'What bill?'

"The host, shedding his deceitful mask, wrinkled his brow in a nasty gesture and said, 'For all that you have partaken.'

"The <u>shaykh</u>, startled, opened the envelope and noticed that the bill was a hundred fold of all that he had partaken. The poor <u>shaykh</u> had no such money, so he dismounted his donkey delivering its rein along with pack and travel provisions to the host and started walking away on foot. He kept expressing praise and gratitude to God that his six year toil had been vindicated and his initial impression of the stranger had been correct."

From Dr. Yúnis Khán's *Memoirs of 9 Years*
Dr. Yúnis Afrú<u>kh</u>tih

Section D

Three Non-Bahá'í Stories on Virtues

85

The Talking Parrot–an Old Fable

Among the customs observed by those who intended to go on pilgrimage to Mecca, one was that all family members and all those who knew the prospective pilgrim should bear no hard feelings toward him. As the saying goes, the pilgrim would have to seek forgiveness from all.

Someone decided to go on pilgrimage. A few months before the pilgrimage he began visiting everyone and seeking their forgiveness and blessing. A few days before the trip, on a mild spring morning when he began feeding his parrot, it started talking and said, "My master, if you are going to Mecca you should seek my forgiveness, too."

The pilgrim said, "Very well, I ask your forgiveness." The parrot replied, "How can I forgive you when you have kept me a prisoner in this cage for so long? All the other parrots are free and can fly anywhere they want, but I am stuck in this little cage. If you want my forgiveness you should set me free."

The pilgrim said, "I have paid a lot of money to purchase you; I have not obtained you so that I can set you free."

The parrot said, "This is true. But I'll give you three important pieces of advice that will serve you well on your long journey and that will be more worthy than the money you have spent on buying me. The pilgrim agreed and asked for the three pieces of advice.

The parrot said, "I will give the first piece of advice when you open the cage door and I sit on your arm, the second one when I fly to the branch of the tree and the third one when I take the highest branch."

The pilgrim thought that he needed the parrot's forgiveness in any event—otherwise the pilgrimage would be to no avail. So, he agreed to the terms, opened the cage and placed the parrot on his arm.

The parrot started, "My first advice is that you should never regret the past, because what is done is done; therefore, learn from your mistakes and move on. For instance, you reach a city, decide to buy a hat but you think it is too expensive and can find it cheaper in the next town. Unfortunately, in the next town the prices are much higher. Do not get upset; do not regret not buying it in the first city. The past is the past."

The pilgrim let the parrot fly to the tree branch. The parrot said, "the second advice is: never believe an unreasonable or impossible proposition. Whatever you are told, weigh it out. If it stands to reason accept it and not otherwise. For instance, if someone tells you: on your way to Mecca you'll see a dragon hundreds of meters long waiting in hiding to eat pilgrims to Mecca, or if you are told a king reigns who can move the clouds by a motion of his hand, weigh it by your reasoning power and accept it only if it stands to reason."

Then the parrot flew over to the top branch and when the pilgrim asked for the third piece of advice the parrot said, "The truth is I have sat at your table and received your hospitality; therefore as a token of my appreciation, let me tell your life history. Do you remember where and from whom you bought me? Let me remind you. You bought me from a black slave behind the governor's house. Did you ever consider how a black slave came to have me? The truth is I belonged to the governor's daughter, who loved me very much and I was free to go everywhere and not kept in a cage. In fact, she took me wherever she went and her shoulder was my regular seating place. I ate with her, slept next to her bed and she woke up to my singing.

"One day, no one else was there except her and her handmaiden. She decided to take a swim and, when entering the pool, she took off her 50 carat diamond ring and placed it on the edge of the pool. A bright sun played magic on the diamond, so I began playing with it. Unwittingly, as I pecked at it, I suddenly swallowed it and the lump you see on my throat is on that account. When the hand-maiden saw this she screamed, 'My lady, the parrot swallowed your ring; we must immediately behead it and get your 50 carat ring, otherwise it would be gone.' And then she lunged toward me to catch me.

"Frightened, I flew off, but because I was out of practice I sat on the wall of the governor's mansion, and exhausted, fell into the hands of the black slave. Then you appeared and bought me. I still have the 50 carat diamond in my stomach and am telling you the story out of my loyalty to you."

The pilgrim was stunned and began crying out, "Oh, parrot, you deceived me and cheated me out of a great source of wealth. But now I cannot reach you. What a pity! What a deception! Well, then, tell me the third piece of advice."

The parrot paused and after a while said, "You do not deserve the third one. I just told you the two earlier ones and you ignored them both. I told you never to regret the past. You have released me and I am sitting on the top of this tree and you cannot catch me. So, why do you regret the past and why do you cry and scream? The second piece of advice was not to believe what was obviously implausible, you ignorned that, too. My total weight is the equivalent of 20 to 30 carats, how can I possibly have swallowed a 50 carat diamond? Without any attention to reasoning, you believed me. I made up this whole story to test you. I find you unworthy of the third advice."

Having said that, the parrot flew off towards the woods, leaving the pilgrim full of sorrow and remorse.

86

Luqmán-ibn-i-Munzar

Before the advent of Islam, in a part of Arabia, there was a king named Luqmán-ibn-i-Munzar who was a just and fair-minded ruler. But one night he had too much wine and in a drunken state ordered the murder of two of his best ministers. The order was immediately carried out and they were beheaded.

The next morning, when he sobered up and asked for his favorite ministers, he was told that they had been beheaded the night before, by his command. The king was extremely chagrined and depressed, but nothing could be done; what was done was done. As he was fond of these two, he ordered two mausoleums to be erected for them. Every year he observed two days in remembrance of them, one called the day of joy and felicity and the other the day of misery. Every year on these days, the king would sit on a throne placed between the mausoleums. On the day of joy anyone entering the city gates would become the recipient of his favours and receive many gifts from the king himself and return to his home town happy and rewarded. But, on the day of misery, if someone would enter the gate he would be captured and beheaded at the king's behest. This custom was in place for many years without any change.

One day the king and his courtiers went hunting. From a distance he saw a zebra and he set out in hot pursuit and was separated from his companions. Gradually darkness set in and night arrived. Alone and lost, the king was in the middle of nowhere, concerned and without hope. Suddenly, in the distance, he saw a tent and galloped his steed toward it. A poor husband and wife lived there. When he got to the entrance of the tent he asked in a loud voice, "Will you receive a guest?"

The owner of the tent, Hanzalih, came out and with kindness and grace led Luqmán inside and told his wife: "Judging by the attire of the guest, he would appear to be of nobility; we have but one sheep, butcher it and with flour that I have in my sack we will make a proper meal. By the time the bread is ready, the meat will also be cooked."

That night Luqmán feasted with them and spent the night in their tent. The next morning, at the time of bidding them good-bye, Luqmán introduced himself saying, "I am the king. Last night I deliberately said nothing to see how you would treat your guest and I found out that you are a very sincere and well-meaning person. From now on, any time you need anything come to me and I will try to reciprocate your kindness." Then Luqmán left to join his companions.

Some time passed. The year of famine arrived afflicting the whole country. Hanzalih became destitute and thought; "As the king offered help this is the best time to go to him and ask for help." So, he set off for the city. As it happened, he arrived at the gate on the day of misery.

As usual, the king was seated on his throne placed between the mausoleums. As soon as he saw Hanzalih he was exceedingly chagrined and sad. He said to Hanzalih: "Why did you arrive on this day? Don't you know that on this day if I see the dearest member of my family, my son, I would have to give an edict of death?" Hanzalih replied; "I was not aware of the day of misery and the day of joy. Now that I must be put to death at your command, pray that I be allowed to return to my village, and settle my affairs with my wife, and return the next year on this very day, then your edict can be carried out."

The king was happy, but in order to maintain the integrity of the custom he said; "Fine, but I need a guarantor so that if you fail to return, your guarantor would be killed in your stead."

Hanzalih looked around hopelessly with tears in his eyes, but found no one prepared to be his guarantor. Everyone he turned to refused him. Finally an old man named Murád took pity on Hanzalih and offered to be his guarantor. Joyously, the king ordered a number of camels, money, food, provisions and clothing for Hanzalih and sent him back to his village.

A year later on the same day, the king sat on his throne and ordered that Murád be prepared for execution. The courtiers suggested that they wait till dusk and if Hanzalih did not show up by then, Murád could be beheaded at that time.

When the dusk drew to a close, Murád was brought out to be executed, with hands tied behind his back. Suddenly, from afar, the dust in the air indicated someone approaching. The courtiers suggested that they wait to find out who was coming. When the galloping rider got close they saw it was Hanzalih.

The king said: "You simpleton! I saved your life once, why did you return a second time to die?" Hanzalih said: "O king! I know that I will be killed, but I had promised you to return and therefore I must keep my promise for it is a necessity of faith."

The king and courtiers were very amazed at this reply and the king asked him the reason for such steadfastness in the face of losing one's life, saying: "You endanger your life in order to keep your promise?"

Hanzalih replied: "I am a believer in Christ and one of His teachings is the importance of keeping one's promise. He has taught us to fulfill what we promised to do." The king was interested to know more about the teachings of Christ. So, Hanzalih explained for the king and his courtiers some of the teachings of Christ, emphasizing that these teachings were intended for the well-being, happiness and unity of man.

Hanzalih's words, and the teachings he explained, left such an impression on the king and his courtiers that all of them on the spot declared their faith in Christ.

The next day, the king ordered the destruction of the set around the mausoleums and discontinued the observance of the day of misery and the day of joy. From that day on, he ruled his realm with perfect justice, love and peace.

87

Pure Love

I read this story in a book while I was a youth and it has stayed with me. In the year 1900 a young couple got married in Chicago. They rented a very small house with meagre furnishings and lived there in utmost love and sincerity. Their modest life was full of love and caring for each other. The young man worked in a small factory earning a small income and his wife looked after the household. They had sufficient funds for a simple life, but one full of love. The husband would take a few dollars for his transportation costs and give the rest of his wages to his beloved wife who ran the household with utmost frugality.

A few months before Christmas, the wife began thinking about buying a suitable gift for her husband. With great effort she managed to save two and a half dollars by the day before Christmas. The watch chain she had seen a few days before in a store window cost twelve dollars. The day before Christmas, after her husband had left for work, she went out and in the window of a hair dressing salon she noticed a sign offering money for long human hair. She entered and showed her long shiny hair to the hairdresser who offered twelve dollars for it. Although she loved her hair, she sold it for her husband's sake. The hairdresser cut it and paid her the money. She bought the watch chain and with the money left over she bought herself a nice scarf, some meat, potatoes and coffee for their Christmas dinner and headed home in great joy. She prepared the meal, put on her new scarf and sat down counting the minutes to the arrival of her beloved husband. As her husband knocked at the door, she rushed to receive him with a big smile and took him directly to the prepared dinner table.

As soon as they sat down, she pulled from her pocket a small box containing the golden watch chain she had bought and said, "My beloved husband, I had seen this chain in a store window some time ago and wished to buy it for you and today I did. Give me your watch so I can put the chain on it."

The husband gave her a sad look and with tears in his eyes he said, "My love, I had seen a beautiful gold hair-pin in a store window, on my way to the factory quite some time ago, and wanted to buy it for you. I started walking to work every day in order to save the bus fare. Today, when I inquired about the price, I discovered it was more than I had saved; so I sold my watch and bought you this beautiful hair-pin for your lovely long hair."

He pulled out the hair-pin from his pocket. The hair-pin in his hand and the watch chain in hers, they looked at each other with tears in their eyes full of love. Neither she had the long hair to adorn it with the hair-pin nor he had the watch to put the chain on it. But what both had was a world of love and sincere affection which filled their hearts and warmed their nest with happiness and hope.

www.ingramcontent.com/pod-product-compliance
Lightning Source LLC
Chambersburg PA
CBHW031944090426
42739CB00006B/78

داستانهای شیرین

و

حکایات دلنشین

تهیّه و تنظیم

مهندس عزیز روحانی

فهرست مندرجات

مقدمه

بخش الف - داستانهای بهائی - ارسالی توسط دوستان

۱- به یاد ایادی عزیز امرالله جناب ابوالقاسم فیضی

۲- خرید زمین مشرق الاذکار — جناب ذبیح

۳- پیرمرد و پادشاه — حضرت عبدالبهاء

۴- کلّه قند — خاطرات خلیل اردکانی

۵- ایمان آوردن جناب ابوالفضائل

۶- عروسی حضرت عبدالبهاء — هوشنگ محمودی

۷- حضرت عبدالبهاء در امریکا — کامران صحیحی

۸- خواب خلیل اردکانی — جناب فاضل اردکانی

۹- مریض و دکتر ترک — حضرت عبدالبهاء

۱۰- چهار صفت — جناب فیضی

۱۱- نبیل و مالمیری — کامران صحیحی

۱۲- داستانی از مجاورین هیکل مبارک — جناب ذبیح

۱۳- داستانی از نبیل — جناب ذبیح

۱۴- دکتر حیفا — جناب ذبیح

۱۵- دعای تزار روسیه — ادیب طاهرزاده

۱۶- شعر جناب فیضی — ابو الفضل رحمانی

۱۷- دروازه کالینز — جناب ذبیح

۱۸- مسافرخانه حیفا — ابوالفضل رحمانی

۱۹- نقاب صورت — دکتر ضیاء بغدادی

۲۰- تخم طاووس

۲۱- داستان ایمان درویش خندان — ابوالفضل رحمانی

۲۲- تمرین

۲۳- نارنگی‌های روضه مبارکه — هوشنگ زرگرپور

۲۴- حکایت انجیر

۲۵- سیّد صادق — جناب اشراق خاوری

۲۶- اولین مسافرخانه عکا   جناب ذبیح

۲۷- داستان کشیش و حاجی میرزا حیدرعلی

۲۸- ازل و مشکین قلم

۲۹- پادشاه و وزیر   حاجی میرزا حیدرعلی

۳۰- حاجی کریمخان

۳۱- شیخ محمود عراقی   جناب ذبیح

۳۲- دعای کلیمی

۳۳- بیت شیراز   میثاق نورالدین

بخش ب - خاطرات دکتر ضیاء بغدادی - ترجمه از عربی

۳۴- حکایت ایاز

۳۵- خرید زمین جهت راه ورود به مقام اعلی

۳۶- النجاة فی الصدق

۳۷- تصدیق جمیل افندی

۳۸- زیارت با ماشین - شاهزاده و روضه خوان

۳۹- علامت ابله

۴۰- صحرا

۴۱- تعصب

۴۲- لباس شرقی

۴۳- غذاخوردن حضرت عبدالبهاء

۴۴- دکتر وان دیک

۴۵- وحی الهی و وسوسه شیطانی

۴۶- لحاف بهلول

۴۷- شن و طبقه

۴۸- مواساة

۴۹- امانت

۵۰- ایقان کامل

۵۱- گناه

۵۲- لطیفه ای از حضرت عبدالبهاء

۵۳- زارع مقروض و با هوش

۵۴- بادبزن

۵۵- رو ش و سلوک کاتولیکها
۵۶- حکایت فکاهی راجع به قیصر روم
۵۷- توشه اُخری
۵۸- سعید و شیخ کور
۵۹- شروط نجات - قدرت تدبیر
۶۰- مدیر روزنامه و پیاز
۶۱- حلوا و فلفل
۶۲- چراغهای کهربائیه
۶۳- کاشی ترسو
۶۴- مراسم عروسی
۶۵- خاطرات سفر از ایران به بغداد
۶۶- رؤیای حضرت عبدالبهاء
۶۷- استعداد فرا گرفتن علم
۶۸- گرسنگی
۶۹- امانت و صداقت - داستان حاجی صدیق
۷۰- فیلسوف شیطان
۷۱- جوان و پیر
۷۲- دیوار بهشت
۷۳- زمینهای روضه مبارکه

بخش ج - داستانهای اقتباسی از کتب امری چاپ شده

۷۴- فنای محض — جناب فیضی
۷۵- عبدالرحیم بشرویه — ادیب طاهرزاده
۷۶- استاد اسمعیل عبودّیت — از کتاب تسلیم و رضا
۷۷- نبیل اعظم در زندان مصر — از کتاب محبوب عالم
۷۸- اقبال سلاطین — عزیزالله سلیمانی
۷۹- داستانی از حیات خال اکبر
جناب حاجی میرزا سید محمّد — فیروزه ابرار
۸۰- داستان حمّام — دکتر یونس افروخته
۸۱- فداکاری — جناب فروتن

۸۲- حاجی محمّد تقی نیریزی   از خاطرات مالمیری

۸۳- حکایت شَرَق   دکتر یونس افروخته

۸۴- ریاضت شش ساله   دکتر یونس افروخته

بخش د - سه داستان اخلاقی

۸۵- طوطی سخنگو

۸۶- لقمان ابن منذر

۸۷- عشق پاک

مقدّمه

در دوران گذشته یکی از آداب و رسوم ایرانیان خواندن کُتب حکایت و قصّه بوده است.
در قهوه خانه های معروف اکثراً نقّال ها این رسم را پیروی می‌کردند. بتدریج در منازل هم دور کُرسی نشستن و شنیدن قصّه هائی که مادربزرگها و پدربزرگها تعریف می کردند مرسوم شده بود. وقتی حضرت بهاءالله در بغداد تشریف داشتند اغلب به قهوه خانه های کنار شطّ که در آن نقّالی صورت میگرفت تشریف می بردند و به ابلاغ امر الهی قیام می فرمودند.

وقتی این عبد در سنین کودکی بودم مادربزرگ سالی یک الی دو دفعه از شاهرود به طهران می آمدند و خصوصاً زمستانها زیر کرسی لم می دادیم و ایشان از قصّه های شاه پریان و دختر پادشاه و بعضی مواقع از داستانهای شاهنامه و هزارو یکشب تعریف می‌کردند. این قصّه ها تا مدتّی که مادربزرگ در طهران بودند چندین بار تکرار می شد زیرا قصّه ها برای ما آنقدر شیرین بود و از شنیدن آن لذّت می بردیم که باز هم اصرار داشتیم که مادربزرگ با آن صدای لطیف و شیرین خود قصّه ها را تکرار کنند.

اصولاً قصه گوئی در فرهنگ ایران جای بزرگی داشته و اغلب پادشاهان ایران افراد قصّه گو را استخدام می‌کردند که خصوصاً در اوایل شب آنها را سرگرم کنند. شاه عباس صفوی در چهل ستون همیشه در طبقه بالا با رجال درباری می نشسته و از پائین برایش قصّه می‌گفته اند و او از طریق لوله های مخصوص که صدا را از پائین به بالا منتقل می‌کرد به این قصّه ها گوش می‌کرد.
بیشتر این‌قصّه ها جنبه حماسه ای و اخلاقی داشته و افراد را به داشتن صفات خوب تشویق می‌کرد.

وقتی بنده و خواهرها و برادر ازدواج کردیم و صاحب اولاد شدیم و شبهای بلند زمستان که دور هم جمع بودیم بچه ها از من قصّه می خواستند اغلب راضی نمی شدم زیرا هم خودم از کار روزانه خسته بودم و هم مایل بودم که بچه ها به تمرین و حاضر کردن دروس مدرسه خودشان بپردازند ولی اغلب شبهای تعطیل و جمعه اگر در طهران بودم برایشان قصّه می‌گفتم و روی این اصل هر کجا کتابی شامل داستانهای امری به دستم می رسید مطالعه می‌کردم.
در سال ۱۹۶۹ به کانادا مهاجرت کردیم. زمان زود گذشت بچه ها ازدواج کردند و من صاحب دوازده نوه شدم و حالا دیگر نوبت نوه ها بود که منتظر قصّه گفتن من باشند و من می بایستی خیلی ساده قصّه بگویم و قصّه ها را طوری تعریف کنم تا آنها که فارسی خوب بلد نبودند بفهمند و در این زمان اکثر داستانهای گفته شده حکایات امری بودند.

روزی یکی از محافل منطقه ویکتوریا در کانادا دعوتی از بنده نمود که در یکی از جلسات چند داستان امری بگویم و در آن جلسه مورد تشویق احباء و دوستان قرار گرفتم. در ضمن یکبار که حضرت امة البهاء روحیه خانم برای ملاقات احباء به شهر ونکوور تشریف آورده بودند بنده افتخار گفتن داستان امری کوتاهی داشتم که مورد تشویق ایشان قرار گرفتم.

در همین ایّام مسافرتی به جنوب فرانسه نمودم و با یکی از دوستان قدیمی و مهربان به نام جناب امیرفرهنگ ایمانی موضوع را در میان گذاشتم ایشان بنده را بسیار تشویق و کتاب هشتصد صفحه‌ای عربی تالیف جناب دکتر ضیاء بغدادی را به بنده مرحمت فرمودند. نویسنده کتاب حدود ده سال در خدمت حضرت عبدلبهاء بوده و روزانه همه امور را یادداشت می‌کرده و اغلب حضرت عبدالبهاء برای سرور زائرین بر حسب موقعیت داستانهای بسیار شیرین بیان می فرمودند که جناب دکتر بغدادی یادداشت نموده اند. این عبد هم با تشکّر از جناب ایمانی فتوکپی کتاب خاطرات دکتر ضیاء بغدادی را گرفتم و به کانادا آوردم و از چند نفر از دوستان تقاضا نمودم که هفته ای یکبار دور هم جمع شویم و به خواندن این کتاب و ترجمه آن به فارسی اقدام نمائیم.

زمانی که ترجمه این کتاب نزدیک باتمام بود بفکرم رسید که این داستانها به زبان انگلیسی هم شود که این کار هم با همت جناب احسان الله عرفانیفر انجام شد که بنده از ایشان نهایت سپاسگزاری را دارم. از جناب اکبر فنائیان و سرکار نغمه خانم رحمانیان که ترجمه عربی به فارسی را انجام دادند و جناب عنایت الله بهرامی که وظیفه رونویسی را به عهده گرفتند نهایت امتنان و تشکُر را دارم.

در ضمن متذکر می گردم که ممکن است بعضی از این حکایات قبلاً در کتب دیگری هم بچاپ رسیده باشد ولی قصّه اگر چندین بار هم تکرار شود خصوصاً داستانهای امری باز هم شیرین و دلنشین است.

امید است خوانندگان عزیز با دیده عفو و اغماض به آن توجه نمایند زیرا نویسندگی و اصولاً ادبیات کار و پیشه من نبوده و بنده با آهن و چوب و ساختمان سروکار داشته ام و کمتر قلم به دست گرفته ام.

ویکتوریا - کانادا

مهندس عزیز روحانی

بخش الف : داستانهای بهائی

ارسالی توسط دوستان

شماره ۱ تا ۳۳

۱ ـ به یاد ایادی عزیز امرالله جناب ابوالقاسم فیضی

روزی ایادی عزیز امرالله جناب فیضی برای عیادت دوست بیمارش به مریضخانه نمازی شیراز می روند. بیمار در خواب ناز فرو رفته بود. جناب فیضی حیفشان می آید او را بیدار کنند. شعر ذیل را می نویسند و روی ملافه مریض می گذارند:

سهم من گر جای گُل خار از گلستان می رسد	می نهم بر دیده اش کز دست جانان می رسد
نیست جز یک باغبان کآرد پدیداین خاروگُل	بریکی این می رساند بر یکی آن می رسد
گر بریزد شهد در جامی و درجامی شرنگ	هردو جام ازدست یک ساقی به مستان می رسد
وصل و هجران تلخ و شیرین نیش و نوش	آنچه بر ما می رسد با حکم یزدان می رسد
رنج و راحت نور و ظلمت خیر و شرّ	هرچه بر هر کس رسد بر طبق فرمان می رسد
خیر و شرّ تعبیر فکر نارسای آدمی است	ورنه از آن یار کی جز فضل واحسان می رسد
هرچه پیش آید خوش آید خواه درمان خواه درد	چونکه هر دو عاقبت روزی به درمان می رسد
گر روی سوی فراز و گر نشیبی بر نشیب	دیده تا بر هم زنی این ره به پایان می رسد

ـ شاعر نامعلوم

۲ - خرید زمین مشرق الاذکار

در زمان تشرّف به اعتاب مقدّسه جناب ذبیح حکایت زیر را تعریف فرمودند:
خانم امیلیا کالینز در زمانی که در حیفا مشرف بوده است اغلب افتخار زیارت حضرت ولی امرالله را داشته و علاقه ای بسیار شدید به هیکل مبارک ابراز می داشته و همیشه آرزومند بوده که مصدر خدمتی بشود. منزل امیلیا کالینز اطاقی در زیر اطاق خواب حضرت ولی امرالله بوده است .

یکی از شبها ملاحظه می کند با وجودیکه دیروقت است هنوز چراغ اطا ق حضرتش خاموش نشده و ایشان بیدار هستند. پس از نیمه شب که بیدار می شود ملاحظه می کند که چراغ اطاق هنوز روشن است و ساعت ۵ صبح هم باز روشنائی را می بیند و حدس می زند که حضرت ولی امرالله اصلاً شب را نخوابیده و بیدار بوده اند. خیلی تعجب می کند که ایشان چه گرفتاری دارند که حتّی یکساعت هم استراحت نفرموده و به خواب نرفته اند. صبح خیلی زود می رود و درب اطاق حضرت ولی امرالله را چند بار می زند و اجازه ورود می خواهد حضرت به ایشان اجازه ورود می فرمایند.

امیلیا وارد اطاق می شود و بدون پرده می گوید مولای عزیز دیشب شما اصلاً استراحت نفرموده اید و تمام شب را بیدار بوده اید چه شده است و چه اتفاقی افتاده است. حضرت ولی مقدس امرالله می فرمایند کار داشتم و ضمناً مشغول به دعا هم بودم . امیلیا مجدداً اصرار می‌کند و می گوید من تصّور می کنم موضوع جدیدی حتماً پیش آمده و استدعا دارم به من بفرمائید شاید کمی از گرفتاریها با گفتن آن سبک بشود.

پس از اصرار زیاد حضرت ولی مقدس امرالله می فرمایند زمینی هست که به قدوم حضرت بهاءالله مشرف شده و این زمین مال دولت اسرائیل است که آنرا برای فروش گزارده اند.
مسیحی ها خیلی علاقه دارند که آنرا بخرند ولی دولت به آنها گفته شما زمین خیلی دارید و هیچ کاری در آن انجام نمی دهید ولی بهائی ها تمام زمینها را که دارند آباد می کنند و ما اول آنرا به بهائی ها پیشنهاد می‌کنیم و اگر نخریدند به شما خواهیم فروخت و به من پیشنهاد خرید شده و من آن زمین را بمنظور ساختن مشرق الاذکار می خواهم و پول ندارم و نمی توانم بیش از این به ایران بنویسم که پول بفرستند و وقت هم خیلی کم است و من ناراحت هستم و تا روز پنجشنبه هفته آینده وقت داده اند و اگر خریداری نکنم از دست می رود.

در این هنگام امیلیا اجازه مرخصی گرفته و فوری به تلگراف خانه رفته و تلگراف بسیار فوری به آرژانتین مخابره می کند و به مباشر خود دستور می دهد که قسمتی از سهام معادن متعلق به ایشانرا به هر قیمتی که می تواند فروخته و حدود پنجاه هزار دلار پول آنرا قبل از پنجشنبه به اسرائیل حواله نماید. مباشر هم فوراً سهام را در حدود نصف قیمت اصلی در بازار می فروشد و پول آنرا قبل از پنجشنبه به حیفا حواله نموده و خبر آنرا به اطلاع امیلیا کالینز تلگراف می‌کند.

امیلیا روز چهارشنبه به حضور مبارک مشرف شده و پول را تقدیم می کند و حضرت ولی مقدّس امرالله با سرور فوق العاده زمینی را که به قدوم حضرت بهاءالله مشرف شده بود خریداری می فرمایند. از این جریان فقط سه نفر (حضرت ولی مقدّس امرالله و سرکار روحیه خانم و خانم امیلیا کالینز) اطلاع داشته و هیچ شخص دیگری با اطلاع نبوده است. پس از آن حضرت ولی مقدّس امرالله سفارش یک ستون مرمر به ایتالیا می دهند که در وسط این زمین نصب گردد.

وقتی این ستون به حیفا می رسد متاسفانه صعود واقع شده بود و طبق دستور هیات ایادی مقیم ارض اقدس این ستون را نزدیک مقام اعلی در زمینی بطور خوابیده امانت می گذارند. پس از تشکیل بیت العدل تصمیم گرفته می شود که طبق دستور حضرت ولی عزیز امرالله و خواست ایشان این ستون را به زمین مشرق الاذکار حمل و در آنجا نصب نمایند. با تدارکات قبلی شبی را در نظر می گیرند و در حالیکه ستون را با جرّاثقال در کامیون قرار داده بودند در ساعت دیر وقت شب بحرکت دسته جمعی به اتفاق ایادیان مقیم ارض اقدس و چند تن از اعضای بیت العدل اعظم رهسپار زمین مشرق الاذکار می شوند.

در راه مشرق الاذکار خیابان باریکی بوده که به زحمت کامیون حامل ستون و جرّاثقال میتوانسته از آن عبور کند و در آن شب دو اتومبیل سواری هم در آن خیابان پارک شده بوده و راه دیگری هم نبوده و کاروان متوقف می شود تا چاره ای بیابند. بالاخره تصمیم می گیرند که اتومبیل های سواری را سردست بلند کنند و از این راه به کنار ببرند تا کامیون و جرّاثقال و ستون مرمر را عبور دهند. این عمل انجام می شود تا اینکه به زمین مشرق الاذکار می رسند.

در این حین یکدفعه زنجیر جرّاثقال که ستون به آن وصل بوده باز و ستون به زمین می افتد و از وسط می شکند همه در جای خود میخکوب می شوند و کسی جرات حرکت را نمی کند و بسیار نگران می شوند تا اینکه یکی از ایادیان صدا را بلند کرده و می گوید برویم جلوتر تا به بینیم چه شده. وقتی که به ستون نزدیک می شوند ملاحظه می کنند که مانند آنست که ستون را با یک چاقوی تیز از وسط بریده باشند قسمتی به طرف راست و قسمت دیگر بطرف

چپ افتاده است خوب که نگاه می کنند می بینند در وسط یکطرف ستون روی محل شکسته شده نوشته شده امیلیا کالینز و می فهمند که اصلاً ستون دو تکه بوده و به هم وصل شده و نام امیلیا در وسط ستون منقوش و بعداً دو تکه را به هم چسبانده اند و هیچ کسی در آن ساعت آنجا نبوده که توضیحی بدهد و همه خوشحال می شوند که ستون نشکسته و سالم است و دومرتبه می توان آن را به هم وصل نمود و محکم کرد.

پس از برگشتن از محل روز بعد حضور سرکارروحیه خانم می روند و جریانرا تعریف می کنند و استدعا می کنند که جریان نام امیلیا کالینز چه بوده است ایشان هم داستان خرید زمین را بطوریکه مرقوم شده بیان می فرمایند و این ستون را طبق دستور حضرت ولی امرالله به پاس خدمات صادقانه و عاشقانه امیلیا کالینز در آنجا نصب می نمایند.

ــ جناب ذبیح

۳ ـ پیر مرد و پادشاه

روزی حضرت عبدالبهاء در عکّا برای دیدار احباء تشریف آوردند و ملاحظه فرمودند که در اطاق شیرینی گذارده شده و معلوم شد که آنروز تولّد یک خانم امریکائی است. از حضرت عبدالبهاء خواستند که سن خانم را حدس بزنند و ایشان سن خانم را جوانترفرمودند. خانم خوشحال شد و گفت من پیرتر از آن سنی هستم که شما فرمودید حضرت عبدالبهاء فرمودند سن تو را جوانتر گفتم تا بیشتر زندگانی کنی و بیشتر به امر خدمت نمائی. خانم گفت من نُه سال پیش بهائی شده ام و از آن تاریخ روز بروز جوانتر می شوم حضرت عبدالبهاء فرمودند همینطور است و در حقیقت شما نُه سال بیشتر ندارید و بعداً داستان زیر را تعریف فرمودند:

روزی پادشاهی با ندیمان خود در باغ خود قدم می زد و پیرمرد بسیار مسنی را دید که مشغول کاشتن درخت خرما می باشد. پادشاه از پیرمرد پرسید چند سال طول می کشد تا این درخت میوه بدهد. باغبان گفت حد اقل بیست سال. پادشاه گفت تو که تا آن زمان زنده نخواهی بود که میوه آن را بخوری. پیرمرد گفت این درختهای خرما که در باغستان شما هست من نکاشته ام دیگران کاشته اند و ما حالا می خوریم و حالا هم من می کارم تا دیگران میوه آنرا بخورند.

پادشاه از جواب باغبان پیر خوشش آمد و کیسه‌ای زر به او داد. باغبان پیر به زانو افتاد و از پادشاه تشکّر کرد و گفت من نه تنها سعادت کاشتن درخت را داشتم بلکه به همین زودی میوه آنرا خوردم خصوصاً از دست پادشاه. این سخن موجب شادی شاه گردید و خیلی خوشش آمد و انعام دیگری به باغبان داد و باغبان مجدداً زانوی اد ب به زمین زد و تشکّر کرد و گفت شاها اغلب درختها یکبار در سال میوه می دهند در حالیکه این درخت تازه ای که کاشته ام دوبار محصول داد نه تنها بیست سال صبر نکردم بلکه دوبار از میوه آن برخوردار شدم. مجدداً شاه از جواب پیرمرد لذّت برد و از او پرسید چند سال داری پیرمرد جواب داد دوازده سال.

پادشاه با تعجّب به او نگاه کرد و گفت چطور چنین چیزی ممکن است تو خیلی پیرتر از دوازده سال هستی. باغبان سالخورده تعظیمی نمود و گفت قبل از شما در این مملکت پادشاهی غیر عادل بود و همه در زمان او غمگین و غصّه دار بودند و همیشه جنگ و بدبختی در این مملکت حکمفرما بود بنابراین من آن سالها را جزو عمر خود حساب نکردم و فقط دوازده سالی که شما به پادشاهی رسیده‌اید جزو عمر من می باشد علیهذا من بیش از دوازده

سال ندارم که در این سالها در صلح و صفا و آسایش زندگانی داشته ام .

شاه از این جواب بسیار مسرور شد و مجدداً کیسه زر به او داد و شاه به همراهان گفت بیش از این نباید اینجا بمانم زیرا حرفهای این باغبان خیلی شیرین است که اگر بیش از این بمانم باید تمام خزانه و دارائی خود را به او ببخشم .

‌ ـ حضرت عبدالبهاء ،

۴ ـ کلّه قند

جناب کامران صحیحی برایم تعریف فرمودند که در خاطرات خلیل اردکانی هست که ایشان در خدمت حضرت عبدالبهاء بودند و عاشق و دلباخته حضرت عبدالبهاء بودند.

یک روز برای حضرت عبدالبهاء یک کلّه قند (۱) وسیله یکی از زائرین می رسد. حضرت عبدالبهاء می فرمایند خلیل این کلُه قند را بگیر و برو آنرا خورد کرده و بین خادمین تقسیم کن . خلیل کله قند را می گیرد و خورد می‌کند و قسمت قسمت در کاغذ پیچیده و بین خادمین تقسیم می کند و بر می گردد حضور مبارک و می گوید به همه دادم .

حضرت عبدالبهاء می فرمایند پس سهم من کو. خلیل خیلی ناراحت می شود زیرا فکر نمی کرده که اصلاً حضرت عبدالبهاء قند لازم داشتند .در آن لحظه حضرت عبدالبهاء در اطاق خودشان تشریف داشتند. خلیل فوراً بر می‌گردد و یک کاغذ برمی دارد و از هر کسی کمی قند می گیرد و یک سهم برای حضرت عبدالبهاء درست می کند و برمی گردد و تقدیم حضور مبارک می کند.

حضرت عبدالبهاء یک تکّه از قندها را برمی دارند و به خلیل می گویند برو این قندها را چهار قسمت کن خلیل با تعجّب نگاه می کرده، حضرت عبدالبهاء می فرمایند خلیل یک موش در این اطاق هست و من این قندها را برای این موش می خواهم و اینها سهم او است مگر شما این موش را ندیده ای؟ موش سفید بسیار قشنگی است . خلیل اطاعت کرده و قندها را به چهار قسمت تقسیم می کند و تقدیم می نماید.

حضرت عبدالبهاء پشت میز تحریر خودشان بودند و یک قطعه کوچک قند را روی میز می گذارند و خلیل هم دست به سینه آنجا ایستاده بود و یکدفعه مشاهده می کند که موش آمد و از پایه بالا رفت و به قند رسید و شروع به خوردن نمود . من خیلی ناراحت شده و می خواستم هر طور شده موش را از بین ببرم . در این موقع هیکل مبارک فرمودند شما در این جاها حق ندارید هیچ حیوانی را آزار بدهید ویا بکشید. این موش به کسی کاری ندارد و در این موقع هم موش قند را خورد و رفت ولی خلیل ناراحت بود تا اینکه پس از مدتی هیکل مبارک خلیل را صدا می کنند و می فرمایند این موش را بگیر و از اینجا ببر و مبادا او را بکشی او را ببر نزدیک دروازه و آنجا او را رها کن. خلیل می گوید قربان چطور شد که اجازه دادید. می فرمایند این موش آبستن است و توی این اطاق جای اینکارها نیست .

خلیل دُم موش را گرفته و او را می برد نزدیک دروازه رها می سازد و خلیل می گوید از آن تاریخ ببعد دیگر کسی اجازه نداشته حیوانی را در داخل مقامات بکشد.

--خلیل اردکانی

۱ ـ در قدیم قند به شکل مخروط درست می شد و به نام کلّه قند معروف بود

۵ ـ ایمان آوردن جناب ابوالفضائل

قصّه عجیب و شرح تصدیق جناب ابوالفضائل یکی از داستانهای غریب و شیرین امر مبارک بشمار می رود. هدایت ایشان به وسیله کربلائی حسین نعلبند که یک شخص عامی و بیسواد بود موجب شگفت همگان است.

استاد حسین دکُان محقّری نزدیک دروازه حضرت شاه عبدالعظیم داشت و هر کس که اسبی داشت و می خواست نعل کند نزد او میرفت و بمجرد آنکه دست به کار می شد مشتری را با صحبت های خود مشغول می کرد و شروع به تبلیغ می نمود.

معمولاً شب های جمعه که علما و مجتهدین برای زیارت حضرت عبدالعظیم می رفتند برای نعل کردن اسب از دکان او استفاده می کردند.

روزی جناب میرزا ابوالفضائل که می خواستند به زیارت بروند و اسب خود را جهت نعلبندی داده و جلوی مغازه قدم می زدند استاد حسین نعلبند جلو می رود و سلامی می کند و عرض می نماید آقا سؤالی دارم که چنانچه شما جواب فرمائید مرا بسیار شادمان می فرمائید.

جناب ابوالفضائل می‌گوید بگو. عرض می کند شنیده ام که می گویند حدیث معتبری است که هر دانه باران را یک ملائکه حمل می کند. آیا این حدیث صحیح است یا نه . میرزا می فرمایند بله. استاد حسین عرض می کند قضیه برای من مشکل شد. میرزا می فرمایند چرا ؟ او می گوید حدیث شریف دیگری است که اگر در خانه سگ باشد ملائکه به آنجا نمی آیند. میرزا می فرمایند صحیح است. استاد حسین عرض می کند مشکلات من زیادتر شد . میرزا می پرسد چرا می گوید پس به این حساب بایستی اصلاً درخانه هائیکه سگ وجود دارد باران نبارد. در صورتیکه اینطور نیست و باران به همه جا می بارد.

جناب میرزا با تفکّر می فرمایند این سؤالها به تو نیامده برو و به کار خودت ادامه بده و از آنجا می روند. بعداً جناب میرزا از همراهان سؤال می کنند که این شخص نعلبند چه کسی است و چه اطلاعاتی دارد و عقیده او چیست ؟ به ایشان عرض می شود که این نعلبند را رها کنید این حسین بابی است و حرفهای نادرست زیاد می زند. جناب

میرزا به فکر فرو می روند و این موضوع موجب تجسّس و تحرّی ایشان می گردد و بالاخره توسط آقا محمد علی ماهوت فروش به حقیقت امر پی می برند و ایشان موجب هدایت میرزا می شوند.

۶ـ عروسی حضرت عبدالبهاء

آقای کامران صحیحی از کتاب هوشنگ محمودی به نام یادداشتهائی از دوران حضرت عبدالبهاء است داستان عروسی حضرت عبدالبهاء را اینطور تعریف فرمودند:

داستان از اینقرار است که وقتی حضرت بهاءالله دستور فرمودند که سرکار منیره خانم از ایران به عکا تشریف بیاورند سرکار منیره خانم به اتّفاق برادرشان میرزا علی و جناب شیخ سلمان از ایران به عکا تشریف آوردند و مدت پنج ماه در منزل آقای کلیم بوده اند.

در آن موقع عبود کم کم به حضرت بهاءالله و حضرت عبدالبهاء علاقه مند شده بود و ارادت فوق العاده پیدا کرده بود. روزی می آید و از حضرت عبدالبهاء می پرسد قربان شما چرا عروسی نمی کنید. حضرت عبدالبهاء می فرمایند جا ندارم (بهمین سادگی). حالا فکر کنید عربی به عجم بگوید من یک اطاق در خانه خودم به شما می دهم که بیائید در آنجا زندگی کنید. روی این اصل اطاقی به حضرت عبدالبهاء تقدیم می کند و قرار می شود که ایشان ازدواج کنند. این موضوع به اطلاع حضرت بهاءالله می رسد و ایشان هم بسیار مسرور می شوند و ترتیبات ازدواج را هم سرکارآسیه خانم و ورقه مکرّمه علیا می دهند.

روزی حضرت بهاءالله حضرت عبدالبهاء را می خواهند و می فرمایند شما امروز زودتر ازکار برگردید می خواهیم شما را داماد کنیم و امروز روز عروسی شما است. حضرت عبدالبهاء می فرمایند بسیار خوب و ساعت چهار بعدازظهر از کار بر می گردند و مشاهده می کنند که برای ایشان روز دامادی گرفته اند. عدّه مهمانها خیلی کم بوده و فقط اهل بیت مبارک بودند و سه دختر عبود. مردها هم که رسم نبوده که در آنجا حاضر باشند. برای منیره خانم سرکار خانم و سرکار ورقه علیا لباسی بسیار ساده و سفید مایل به خاکستری دوخته بودند. یکی از دختران عبود که آرایشگری خوب می دانست از منیره خانم تقاضا می کند که ایشانرا آرایش مختصری بکند ولی ایشان قبول نمی فرمایند فقط کاری که می کنند موی ایشان را بافته نصف از راست و بقیه دیگر را از چپ برروی شانه و به جلو می اندازند و چار قد بر سر نموده می آیند خدمت جمال مبارک می آیند.

در آنروز کلّ عده ای که آنجا حاضر بودند بیش از دوازده نفر نبوده اند و پس از نشستن همه فامیل ، جمال مبارک بیاناتی فرمودند و یک لوحی که در بغداد نازل فرموده بودند به دست عروس خانم می دهند و می فرمایند شما این را تلاوت فرمائید. عروس خانم که صدای خوبی هم

داشته‌اند آنرا تلاوت می فرمایند بعداً حضرت بهاءالله می فرمایند شما هله هله یا بشارت را بلدید منیره خانم عرض می کنند بله. حضرت بهاءالله می فرمایند پس آنرا هم خودتان بخوانید ایشان آنرا هم می خوانند. پس از مختصری بیانات می فرمایند مبارک است و مجدداً رو به منیره خانم می کنند و می فرمایند پس خودتان یک مناجات هم بخوانید. پس از آنکه از اطاق (اطاقی که در آن کتاب مستطاب اقدس نزول یافته) بیرون می آیند منیره خانم می گویند من تنها عروسی بودم که هم لوحش را خودم خواندم و هم آواز و هم مناجاتش را خواندم . پذیرائی هم فقط چای و چند دانه شیرینی بود و به همین سادگی عروسی حضرت عبدالبهاء انجام گرفته است.

ـ هوشنگ محمودی

۷ ـ حضرت عبدالبهاء در امریکا

آقای صحیحی فرمودند جناب ورقا ایادی عزیز امرالله تعریف فرمودند پدر من در رکاب حضرت عبدالبهاء به امریکا رفتند. وقتی ایشان در نیویورک بودند روزی حضرت عبدالبهاء بسیار خسته بودند و به اطاق بالا تشریف برده بودند. در این هنگام درب منزل به صدا در می آید وقتی درب را باز می کنند شخص نسبتاً مسنی وارد می شود که عصائی هم در دست داشته و الله ابهی می گوید و عرض می کند می خواهم حضرت‌عبدالبهاء را ملاقات کنم . به او گفته می شود السّاعه نمی توانید حضرت عبدالبهاء را ملاقات کنید. می گوید بروید به حضرت عبدالبهاء بگوئید فلانی است و می خواهد شما را ملاقات کند (اسم آن شخص را جناب ورقا فراموش کرده بودند و فرمودند این موضوع را پدرم در خاطرات خودشان نوشته اند) باز به این آقا گفته می شود الآن ممکن نیست . این آقا خواهش می کند شما بروید و بگوئید فلانی است . می روند و به حضرت عبدالبهاء می گویند پیر مرد بهائی آمده و اصرار دارد که شما را ملاقات کند. حضرت عبدالبهاء می فرمایند بگوئید بیاید. حضرت عبدالبهاء از او می پرسند خوب تو چه می خواهی؟ آن پیرمرد جواب می دهد آمده ام به شما بگویم که می خواهم برای چهار ساعت پدر شما بشوم . همه کسانی که آنجا حضور داشتند از این حرف تعجب می کنند. حضرت عبدالبهاء می فرمایند می خواهی پدر من بشوی خوب بشو. می خواهی چکار بکنی؟ او می گوید به عنوان پدر به شما می گویم بروید در اطاق خودتان درب را از پشت ببندید و با کسی هم حرف نزنید و چهار ساعت بخوابید. حضرت عبدالبهاء می فرمایند به عنوان پسر اطاعت می شود و می روند در اطاق و استراحت می کنند. جناب ورقا فرمودند آن مرد روی صندلی در حالیکه عصا در دست گرفته بود چهار ساعت تمام بدون آنکه کوچکترین تکانی بخورد و یا با کسی حرفی بزند نشست. بعد از چهار ساعت ملاحظه می کند که حضرت عبدالبهاء به پائین تشریف آوردند و با بشاشت می فرمایند راستی پدر هم چیز خوبی است.

ـ کامران صحیحی

۸ - خواب خلیل اردکانی

جناب فاضل اردکانی مشاور قاره آسیا روزی در لندگ سویس این داستان را برای ما تعریف فرمودند:

فرمودند داستانی تعریف می کنم که عموی من آقای خلیل اردکانی تعریف فرموده اند و آنکه درزمانی که ایشان بچه بودند و خادم روضه مبارکه بودند ۱۴ الی ۱۵ سال خدمت کردند و باغبانی می کردند و همه جا را تمیز می کردند و بعد از ظهر ها هم زیر درختی خواب مختصری می نمودند.

یک روز وقتی خواب بود در خواب دید که حضور حضرت عبدالبهاء مشرف است .
حضرت عبدالبهاء به خلیل امر می کنند الاغ را حاضر کن و به ایستگاه قطار بیاور. وقتی بیدار می شود با خودش می گوید هیجوقت حضرت عبدالبهاء صبح تشریف نمی آوردند. بعداً فکر می کند چون در خواب بوده درست نفهمیده و دومرتبه سرش را می گذارد و می خوابد. مجدداً مشاهده می کند که حضرت عبدالبهاء تشریف آوردند و فرمودند خلیل الاغ را به ایستگاه قطار بیاور.

پس از بیداری خلیل به خودش می گوید من باید به ایستگاه قطار بروم. اگر تشریف آوردند که خوب و اگر تشریف نیاوردند الاغ را برمی گردانم. بنابراین سوار الاغ می شود و به عکا می رود ولی مشاهده می کند قطاری در ایستگاه نیست و تصمیم به مراجعت می گیرد. در اینوقت صدای سوت قطار از دور شنیده می شود. آنوقت می ایستد و مسافرین یکی یکی پیاده می شوند و ملاحظه می کند که هیکل مبارک هم تشریف آوردند و پس از سوارشدن بر الاغ رو به خلیل می کنند و می فرمایند خلیل چند دفعه بایستی بگویم که الاغ را بیاور.

- جناب فاضل اردکانی

۹ ـ مریض و دکتر ترک

روزی حضرت عبدالبهاء بر حسب پیش آمدی حکایت زیر را بیان فرمودند:

مرد مریضی نزد حکیم ترکی رفت و گفت قوّتی برایم باقی نمانده و مزاجم ضعیف شده. دکتر جواب داد این ضعف مزاج تو از کبر سن است. مریض گفت سوء هاضمه هم دارم. دکتر جواب داد آنهم مربوط به سن توست. مریض گفت گوشم هم درست نمی شنود. دکتر گفت اینهم از کبر سن تو می باشد. مریض گفت ضعف بینائی هم دارم. دکتر جواب داد آنهم از کبر سن است. مریض غضبناک شد و گفت خداوند خانه ات را خراب کند. هیچ چیز دیگری از طبّ و معالجه بجز این دو کلمه کبر سن یاد نگرفتی؟ دکتر گفت این عصبانیت تو هم از کبر سن است.

ـ حضرت عبدالبهاء

۱۰- چهار صفت

ایادی امرالله جناب ابوالقاسم فیضی در تاریخ ۲۵ / ۱۲ / ۱۳۵۴ در جمع احبائی که برای افطار در حضور ایشان دعوت شده بودند ضمن بیانات خود چنین فرمودند:

جمال قدم جلّ اسمه الاعظم از چهار صفت بسیار خوششان می آمد:
۱ ـ از نفوسیکه قیافه خندان داشته باشند.
۲ ـ کسی که کاری را شروع میکند و باتمام می رساند.
۳ ـ از اشخاصیکه شجاع و بی باک هستند.
۴ ـ از نفوسیکه فقط به ذکر خیر مردم مشغول هستند نه عیب جوئی.

ضمناً حضرت بهاءالله از پنج صفتی که بشر به آن آلوده می شود متاثر می شدند:
۱ ـ کسانیکه خود را عالم و دانشمند می دانند و بخود مغرور می شوند.
۲ ـ کسانیکه به عالم بشریت خدمتی یا اختراع یک چیز مفیدی می کنند و به خود می‌بالند و مغرور می شوند.
۳ ـ کسانیکه به شخصیت خانوادگی خود می بالند و مغرور می شوند.
۴ ـ کسانیکه به ظاهر حسن و جمالی دارند و به خود می بالند.
۵ ـ کسانیکه به خیال خود ثروتی دارند و به خود می بالند و احساس غرور می کنند.

در خاتمه جلسه جناب فیضی فرمودند: بیان جمالقدم است که می فرمایند:
توقع شعور از اهل غرور ممتنع و محال است.

ـ جناب فیضی

۱۱- نبیل و مالمیری

می‌گویند جناب مالمیری پدر جناب ادیب طاهرزاده عادت داشتند که مرتب چای بنوشند و تسبیح بیندازند و ایشان مدتی با جناب نبیل اعظم هم اطاق بود ند و جناب نبیل از این عادت ایشان بسیار ناراحت بودند. گاهی به ایشان می فرمودند اینقدر چای نخور و تسبیح نینداز ولی ایشان توجهی نمی کرد.

خانه این دو نفر در عکا تقریباً مقابل سوق ابیض بوده است. جناب نبیل اعصابش از این چای زیاد خوردن و تسبیح انداختن جناب مالمیری خورد شده بود. (حتی حضرت بهاءالله به ایشان فرموده بودند شما که چای زیاد می خورید بهتر است چای سفید میل کنید).

روزی جناب نبیل که قد بسیار بلندی داشته اند در نبودن جناب مالمیری تسبیح ایشانرا به سقف اطاق آویزان می کند. وقتی جناب مالمیری به اطاق می آید و می بیند که تسبیح به سقف اطاق آویزان است تصمیم می گیرد به هر ترتیبی شده آنرا پائین بیاورد و چون صندلی و میزی در اطاق نبوده شروع به هوا پریدن می نماید ولی به علّت اینکه قدّش کمی کوتاه بوده دستش به تسبیح نمی رسد و یکدفعه می فهمد که صدای جمال مبارک می آید که می فرمایند جناب میرزا طاهر چکار می کنی؟ و بالاخره روز بعد حضرت بهاءالله به جناب نبیل می فرمایند اینقدر میرزا طاهر را اذیت نکن برو تسبیح را پائین بیاور و به ایشان بده .

ـ کامران صحیحی

۱۲ - داستانی از مجاورین هیکل مبارک

وقتی سه نفر از مؤمنین در حضور حضرت بهاءالله بودند: جناب آقا میرزا حیدرعلی اصفهانی ، جناب زین المقربین و جناب مشکین قلم.

حضرت بهاءالله خطاب به این سه نفر می فرمایند می خواهید شما را به ملکوت ابهی بفرستم ؟
جناب میرزا حیدرعلی عرض می کند هر چه رضای مبارک باشد حاضرم .
جناب مشکین قلم عرض می کند خیر قربان می خواهم همین جا در خدمت باشم .
جناب زین المقربین به حاجی میرزا حیدرعلی می گوید عرض کن قربان گوش ایشان سنگین است نمی شنوند.

ـ جناب ذبیح

۱۳ ـ داستانی از نبیل

روزی عدّه‌ای از مجاورین در باغچه جلوی منزل حضرت عبدالبهاء مشغول بیل زدن زیر درختهای باغچه بودند. در این اثناء جناب نبیل هم وارد می شوند. همه از ایشان خواهش می کنند که در بیل زدن کُمک کنند. ایشان قبول نمی کنند. مجدداً از او تقاضای کُمک می شود و باز جناب نبیل امتناع می نماید.

در اینوقت حضرت عبدالبهاء تشریف می آورند . به حضرت عبدالبهاء شکایت می کنند که هر چه تقاضای کُمک شد در بیل زدن مشارکت کنند ایشان قبول نفرمودند. حضرت عبدالبهاء مکثی فرموده و با تبسّم می فرمایند حق با جناب نبیل است. مجاورین تعجّب می کنند. هیکل مبارک اضافه می فرمایند که ایشان هم اسماً نبیل هستند و هم رسماً نه بیل هستند. همه می خندند و حضرت عبدالبهاء با تبسّم احباب را ترک می فرمایند.

ـ جناب ذبیح

۱۴ ـ دکتر حیفا

در حیفا دکتری بوده که حضرت عبدالبهاء از او دل خوشی نداشتند. روزی بر حسب مزاح این شعرها را زمزمه می فرمایند:

ملک الموت رفت پیش خدا گفت سبحان ربی الاعلی
يك حکیمی است پشت خانه ها ما یکی می کُشیم او صد تا
یا علاج طبیب جاهل کن یا مرا خدمتی دگر فرما

ـ جناب ذبیح

۱۵ - دعای تزار روسیه

وقتی جمال اقدس ابهی در ادرنه تشریف داشتند برای تزار روسیه الکساندر دوّم لوحی ارسال فرمودند و در آن لوح حضرت بهاءالله به پادشاه روسیه می فرمایند که تو در قلب خودت دعا می کردی و از خداوند بزرگ کمک می خواستی ما دعای تو را شنیدیم و آرزوی تو انجام خواهد شد.

در اصفهان شخصی به نام محمد رحیم بشَرف ایمان فائز و شروع به تبلیغ می کند و به آزار و اذیّت وارده اهمیّت نمی دهد. حتی پدر او هم به علّت بهائی شدن او را ترک می نماید. کم کم ثروت و دارائی خود را از دست می دهد و عازم می شود که به شهری دیگر سفر کند و کاری در یکی از معادن شهر سبزوار پیدا می کند و در آنجا مشغول به کار می شود. قنسول روسیه که در نزدیکی سبزوار منزل داشته دنبال یک بهائی می گشته و به شخصی گفته بود که اگر بهائی می شناسد به او معرفی کند تا بتواند از کتب بهائی استفاده نماید. احباء آقا محمّد رحیم را انتخاب می کنند و او با چند کتاب بهائی به دیدار قنسول می رود.

در ملاقات با قنسول از او تقاضا می شود که مدّت بیشتری بماند تا در بارهٔ دیانت بهائی با هم صحبت کنند.

یک شب ضمن صحبت های امری قنسول به آقا محمّد رحیم می گوید من از آوردن تو به اینجا مقصود دیگری داشتم و آن این بود که به من بگوئی که معنای لوح حضرت بهاءالله به پادشاه روسیه چه می باشد. بعد آن قسمت از لوح حضرت بهاءالله را که راجع به دعای الکساندر بوده جهت محمّد رحیم می خواند و می پرسد تزار چه چیزی در قلبش خواسته که حضرت بهاءالله به او داده‌اند؟

محمّد رحیم فکر می کند که پادشاه از خدا چه می خواهد. پول که دارد ، قدرت که دارد، غذا و احترام که دارد ، حتماً چیز دیگری خواسته. به فکرش می رسد فتح در جنگ را خواسته زیرا الکساندر در جنگ با ترکها نتوانسته بود پیروز شود. فوراً این فکر را به قنسول روسیه می گوید و به او پیشنهاد می کند که به تراز روسیه نامه بنویسد و بگوید که در جنگ پیروز خواهد شد.

ولی پس از آن بسیار ناراحت می شود که چرا این حرف را زده است زیرا از کجا که فکر او درست بوده باشد. بعد از آن هر وقت یاد آنروز را می کرده ناراحت می شده. تا اینکه پس مدتی برای زیارت به عکا می رود. پس از ورود و رفع خستگی کاتب حضرت بهاءالله به دیدن او می آید و از او سؤال می کند که تو به قنسول روس چه گفته ای. او پس از شنیدن این سؤال خیلی متعجّب و وحشت زده می شود که کاتب حضرت بهاءالله از کجا می داند که من با قنسول روس صحبت کرده ام.

پس از مدّتی شخص دیگری می آید و عیناً همین سؤال را تکرار می کند و نگرانی محمّد رحیم بیشتر و بیشتر می شود. تا آنکه به زیارت حضرت عبدالبهاء نائل می شود. داستان ملاقات قنسول و جواب خود را عیناً برای حضرت عبدالبهاء تعریف می کند. حضرت عبدالبهاء می فرمایند ناراحت نباش. صحبت هائی که تو با قنسول کردی و حرفهائیکه تو به او گفتی صحیح است. چون یک روز حضرت بهاءالله فرمودند همین الآن یکنفر در حال خواندن لوح تزار است و قنسول روس از یکی از احباء پرسیده دعای تزار چه بوده است و جوابی که آن بهائی داده درست بوده است و بعداً حضرت بهاءالله اسم تو را بیان فرمودند. او پس از شنیدن بیانات حضرت عبدالبهاء خیالش راحت و اعصابش تسکین می یابد. (این جنگ مربوط به جنگ بین روسیه و دولت عثمانی بود که ابتداء معلوم نبود کدام فاتح می شوند ولی در آخر دولت روس فاتح و ترکها شکست سختی خوردند).

ـ ادیب طاهر زاده

۱۶ - شعر جناب فیضی

ایادی عزیز امرالله جناب ابوالقاسم فیضی در ایّام ماه صیام ۱۲۱ بدیع در هلند به منزل یکی از احباء وارد می شوند و جهت میزبان شعر زیر را سروده و به صاحب خانه می دهند:

یا ولی امرالله

خوشا دردی که درمانش تو باشی

خوشا راهی که پایانش تو باشی

خوشا چشمی که رخسار تو بیند

خوشا مُلکی که سلطانش تو باشی

همه شادی و عشرت باشد ایدوست

در آن خانه که مهمانش تو باشی

چه باک آید زغم آن کس که او را

نگهدار و نگهبانش تو باشی

و به این شعر به بیانات خود خاتمه دادند:

افتادگی آموز اگر طالب فیضی

هر گز نخورد آب زمینی که بلند است

د ر بهاران کی شود سرسبز سنگ

خاک شو تا گُل بروید رنگ رنگ

ـ جناب فیضی

۳۱

۱۷ - دروازه کالینز

معمولاً هر سال در فصل تابستان حضرت ولی عزیز امرالله چند روزی برای رفع خستگی و مرخصی به سویس تشریف می بردند و همیشه در همان آپارتمانی که در جوانی و زمان تحصیل منزل داشتند و مخارج خیلی کم داشت می ماندند.

یکسال امیلیا کالینز ملاحظه می‌کند که موقع مرخصی حضرت ولی امرالله شده ولی ایشان به مرخصی تشریف نمی برند. یکی دو روز صبر می کند و مشرّف می شود و از حضرت ولی امرالله می پرسد که چه اتفاقی افتاده که ایشان به مرخصی سالیانه تشریف نمی برند. ایشان در جواب می فرمایند کارهای عقب افتاده امری زیاد دارم .

باز پس از چند روز امیلیا کالینز مراجعه می کند و استدعا می نماید که ایشان با این همه کار و ساعات بیشماری که مشغول هستند احتیاج به چند روز مرخصی دارند و از حضور مبارک استدعا می‌کند که مطابق هر ساله ایشان به مرخصی تشریف ببرند. ایشان می فرمایند اگر کارهایم تمام بشود خواهم رفت. باز پس از چند روز امیلیا ملاحظه می کند که حضرت ولی امرالله مشغول کارند و اصلاً به فکر مرخصی نمی باشند. این بار با تصمیم قطعی مشرّف شده و با گشاده روئی تمام می گوید بایستی حضرت ولی امرالله به مرخصی بروند و استراحت کنند تا بتوانند اینهمه کارهای مهّم را با سلامتی و شادابی انجام دهند.

پس از اصرار فراوان یکدفعه حضرت ولی امرالله به طرف امیلیا برگشته و می فرمایند:
امیلیا پول ندارم به مرخصی بروم . امیلیا سکوت می کند و فوراً به اطاق خودش برمی‌گردد و از پس اندازی که همیشه در اطاق داشته و کُلاً پنجهزار دلار بوده برداشته و به اطاق حضرت ولی امرالله برمی‌گردد و می گوید قربان اگر اشکال بی پولی بوده این وجه ناقابل را بردارید و به مرخصی بروید که صد در صد برای سلامتی شما لازم است .

حضرت ولی امرالله پس از سکوت مختصری می فرمایند خوب می روم. روز بعد از این گفتگو صبح زود حرکت می کنند.

پس ازچندی بعد ، موقعیکه امیلیا در روضه مبارکه بوده مشاهده می کند که کامیونی وارد باغ قصر بهجی می شود. (معمولاً کمتر کامیون خصوصاً در داخل باغ می آمده). کم کم کامیون که می رسد امیلیا ملاحظه می کند که حضرت ولی امرالله کنار راننده کامیون نشسته اند. با ملاحظه این جریان امیلیا خیلی ناراحت می شود که حضرت به این زودی برگشته اند و خصوصاً جلوی کامیون نشسته اند. فوراً خود را به جلوی کامیون می رساند و ملاحظه می کند که حضرت ولی امرالله با سرور و خوشحالی از کامیون پیاده می شوند و به امیلیا کالینز می فرمایند امیلیا هر چه فکر کردم دیدم چنانچه با پول شما یک درب بزرگ آهنی برای قصر بهجی و روزه مبارکه تهیه کنم و بخرم بهتر از آنست که به مرخصی بروم . این درب را که در کامیون است سفارش دادم و صبر کردم تا حاضر شد و آنرا در کامیون گذاردم و با خودم آوردم و آنرا به نام شما نصب خواهم کرد.

و این درب همان درب اصلی ورودی قصر بهجی و روضه مبارکه است که به نام درب امیلیا کالینز موسوم است .

ـ جناب ذبیح

۱۸ - مسافرخانه حیفا

آقای ابوالفضل رحمانی از امریکا شرح زیر را در مورد ساختمان مسافرخانه حیفا که توسط پدر ایشان انجام گرفته برایم ارسال داشته اند.

وقتی آقا میرزا جعفر شیرازی (پدر آقایان هادی و ابوالفضل رحمانی) برای زیارت به حیفا می روند مشاهده می کنند که حضرت عبدالبهاء خیلی ناراحت هستند از اینکه احبای الهی از راههای دور پیاده و سواره به حیفا می ایند و چون محلّی برای بیتوته ندارند مجبوراً به قهوه خانه هائیکه متعلّق به ناقضین است روی می آورند و در آن حالتیکه با خضوع و خشوع برای زیارت روضه مبارکه می آیند ناقضین با صحبت های خود این نفوس پاک را منحرف می کنند.

این مو ضو ع باعث ناراحتی حضرت عبدالبهاء می شد. آقا میرزا جعفر که ناراحتی حضرت عبدالبهاء را مشاهده می کند استدعا می نماید که اجازه فرمایند برای راحتی فکر ایشان یک مسافرخانه بسازند تا زائرین از آن پس در این مسافرخانه بیوته کنند. اول حضرت عبدالبهاء پیشنهاد ایشانرا قبول نمی فرمایند.

پس از مدتیکه آمیرزا جعفر در حیفا می مانند ملاحظه می کنند که زائرین به همین قهوه خانه های ناقضین می روند و با افکار متشتّت ایام زیارت را بسر می برند. برای دومین بار پیشنهاد می کند و حضرت عبدالبهاء قبول می فرمایند. ولی آن حضرت فکر می کنند که خرید زمین وسیع و ساختمان مسافرخانه برای آمیرزا جعفرتحمیلی است. بنابراین به آمیرزا جعفر می گویند بشرطی قبول می کنم که وقتی به عشق آباد برمی گردی در سر راه در بادکوبه توقف نموده و به ملاقات موسی تقی اف (۱) رفته و از طرف من پیغام به او برسان که در کار ساختمان مسافرخانه شرکت نماید.

در این هنگام آقا میرزا جعفر جسارتاً از حضرت عبدالبهاء تمنّی می‌کند که اجازه فرمایند این افتخار نصیب او تنها باشد. ولی هیکل اطهر می فرمایند شما تشریف ببرید و با موسی صحبت کنید و آنچه او می‌گوید یا قبول یا رَد آنرا در مراجعت بمن بگوئید سپس ایشانرا مرخص می فرمایند.

آقا میرزا جعفر به سوی بادکوبه حرکت می کند و بمحض رسیدن پرسان پرسان خود را به دفتر موسی می رساند. وقتیکه وارد سالن انتظار موسی می شود می بیند جمعیت زیادی نشسته اند و همه با موسی تقی اُف کار دارند؛ یا شعبه نفت فروشی در داخل و خارج بادکوبه می خواهند و یا کارهای تجارتی دیگری دارند.

آقا میرزا جعفر سه روز مرتب از قهوه خانه به دفتر آقا موسی می رفتند و تا ظهر موفّق به دیدار آقا موسی نمی شدند. (۲) بالاخره روز سوم با عصبانیت به مستخدم درب اطاق موسی می‌گویند برو به تقی اُف بگو من جعفر شیرازی هستم و به دستور حضرت عبدالبهاء آمده ام و می‌خواهم پیام مبارک را به‌اطلاع شما برسانم و الآن سه روز است پشت درب اطاق می‌آیم و نوبت ملاقات به من نمی رسد. من بایستی سریعاً به عشق آباد حرکت کنم.

در اینموقع درب اطاق موسی بازمی شود زیرا موسی برای صرف نا هار تشریف می بردند. چون حالت ناراحت آقا میرزا جعفر را می بیند سؤال می‌کند هان چرا ناراحت هستی. ایشان داستان سه روز سرگردانی را می‌گویند و اظهار می‌دارند حضرت عبدالبهاء چنین پیغامی فرموده اند که به شما بگویم ۶حاضرید شراکتاً این مسافرخانه را بسازیم یا نه؟ موسی می‌گوید حالا شما چه می‌خواهید؟ آقا میرزا می‌گوید من ششصد صندوق چای به کلکته و بُمبئی سفارش داده ام که رسیده است و می روم که آنها را فروخته و پولی جمع کنم و به حیفا برگردم تا زمین تهیه شود و ساختمان شروع گردد.

موسی فکر می‌کند و می‌گوید شما حالا به عشق آباد بروید و پولهای خود را جمع کنید و برگردید تا با هم صحبت کنیم و من ببینم چه می توانم بکنم. آقا میرزا جعفر ملاحظه می‌کند که نَفَس موسی سرد است. لذا به عشق آباد حرکت می‌کند. وقتی به تجارتخانه خود می رسد ملاحظه می‌کند در روسیه قحطی چائی شده و قیمت چائی از سه ماه قبل برابر شده و چندین دلاّل منتظر ایشان بوده اند که چای را بخرند.آقا میرزا جعفر به‌کارمندان تجارتخانه می‌گوید من تعهّدی در حیفا نموده ام و بایستی هر چه زودتر پولهایم را جمع کنم و به حیفا برگردم و به انجام وظیفه مشغول شوم. شما هر چه زود تر چائی ها را بفروشید تا من بتوانم با دست پر برگردم. در همان حال متوجّه می شود که عنایات حق و لطف حضرت عبدالبهاء شامل حال ایشان شده که چائی به این قیمت رسیده است.

در هر صورت پس از مدت کوتاهی به حیفا برمی‌گردند ولی چون با موسی تقی اُف قرار گذاشته بودند از راه بادکوبه می روند و باز دوروزی پشت درب حجره ایشان می نشیند تا موسی ایشان را می پذیرد و به محض رو برو شدن موسی می‌گوید خوب شما به عشق آباد رفتید و حالا با پول مراجعت کرده‌اید. آقا میرزا می‌گوید بله بفرمائید که جواب حضرت عبدالبهاء را چه بدهم . موسی می‌گوید شما حالا بروید و زمین را خریداری کرده و ساختمانرا شروع کنید و وقتی به بی پولی برخورد کردید به من تلگراف بزنید چه مبلغ احتیاج دارید تا من برسانم .

آقا میرزا جعفر ناراحت شده و به طرف حیفا حرکت می‌کند و در بیت مبارک ساکن می شود. خسرو، خادم بیت مبارک ورود آقا میرزا جعفر را به عرض هیکل اطهر می رساند. حضرت عبدالبهاء می فرمایند ایشان خسته هستند من خودم می آیم که یکدیگر را ببینیم .

چند دقیقه بعد حضرت عبدالبهاء خرامان خرامان از عمارت سرسرا به بیت تشریف فرما می شوند و پس از مصافحه و تکبیر الله‌ابهی و احوالپرسی به آقا میرزا جعفر می فرمایند انشاءالله در این سفر به شما خوش گذشته باشد. بعد سؤال می فرمایند آیا شما پیغام مرا به موسی تقی اُف دادید؟ آقا میرزا جعفر سرفرود آورده و دیدار دو دفعه خود را با موسی تقی اُف و مطالبی را که گفته و جواب شنیده بیان می‌کند. در این موقع حضرت عبدالبهاء ناراحت می شوند وپس ازکمی سکوت رو به آقا میرزا جعفر می فرمایند آن کسیکه به موسی تقی اُف ثروت داد همین الساعه از او گرفت.

سپس می فرمایند شما یک زمین نسبتاً وسیعی خریداری کنید زیرا بعدها تاسیسات امری زیادی قرار است در این زمین ساخته شود. آقا میرزا جعفر به اتفاق آقا میرزاهادی، داماد مبارک، چند روزی می‌گردند تا همین باغ وسیعی که متعلق به یک مرد آسوری بود انتخاب می‌کنند و با صاحب باغ مشغول مذاکره و قرار خرید می‌گذارند.

وقتی به دفتر ثبت می روند آقا میرزا جعفر می گویند خریدار زمین حضرت عباس افندی هستند و سند را به اسم ایشان ثبت فرمائید و دفتر را برمی دارند و به حضور حضرت عبدالبهاء می روند و وارد اطاق مبارک می شوند و داستان را می‌گویند. هیکل مبارک حضرت عبدالبهاء با تبسّم رو به آقا میرزا جعفر می‌کنند و می فرمایند مَرد، تو پول زمین را داده ای من امضاء کنم ؟ آقا میرزا جعفر می گویند ممکن است از من نام و نشانی باقی نماند ولکن اسم هیکل مبارک لااقل تا پانصد هزار سال در عالم هست. هیکل مبارک با خنده و سرور امضاء می فرمایند.

روزی‌که ساختمان مسافرخانه پس از شش ماه تمام می شود مهمانی مفصلی ترتیب می دهند و جمیع زائرین و مجاورین در بیرون مسافرخانه جمع شده بودند تا هیکل اطهر حضرت عبدالبهاء تشریف بیاورند و اولین نفری باشند که وارد مسافرخانه می شوند. پس از تشریف فرمائی ایشان جناب حاجی میرزا حیدرعلی اصفهانی که قبلاً قلمدان و دسته کاغذی حاضر کرده بودند جلو می رود و به عرض مبارک می رساند در این موقع که زائرین با سرور و شادی اینجا هستند تقاضا داریم هیکل مبارک شرحی مرقوم فرمایند تا بالای درب مسافرخانه نصب شود. هیکل اطهر قلم و کاغذ را می گیرند و با قیافه ای پر از سرور می فرمایند چه بنویسم جز این‌که بنویسم آمیرزا جعفر شیرازی رحمانی دیوانه دیوانه. چیز دیگری نباید بنویسم زیرا در این زمانه که همه مردم به فکر خانه و کاشانه و تفریحات خود هستند آقا میرزا جعفر به فکر راحتی ما از شرّ ناقضین بود و این مسافرخانه را بنا کرده است. بعد شروع به نوشتن می فرمایند:

این بنیان مهمانخانه روحانیست و بانی آقامیرزا جعفر شیرازی رحمانی

در این موقع عندلیب فی البداهه شعری برای این روز سروده و با صدای بلند می خواند. سپس حضرت عبدالبهاء وارد مسافرخانه شده و نگاهی به میزهای سبزرنگ با سرویس های غذاخوری فرموده و از وسط میزها عبور نموده به طرف بالکن مشرف به دریا می روند و نگاهی به راست و چپ فرموده و می فرمایند واقعاً بعضی از شعرا ملهم به الهامات غیبی بوده اند مثلا حافظ این بنای مسافرخانه را پیش بینی می کرده که این شعر را سروده است:

خوشا شیراز و وضع بیمثالش	خداوندا نگهدار از زوالش
ز رکن آباد ما صد لوح‌ش الله	که عمر خضرمی بخشد زلالش
میان جعفر آباد و مصلّی	عبیر آمیز می آید شمالش

در هنگام رسیدن به کلمه مصلّی نگاهی به طرف مسافرخانه نموده و می فرمایند:

به شیراز آی و فیض روح قدسی	جوی از مردم صاحب کمالش

و بعد جلوس نموده و می فرمایند: هر امری اولش یک لطف خاصّی دارد مثلاً جناب حاجی وکیل الدوله افنان که اولین بنای مشرق الاذکارجهان را در عشق آباد به همّت خویش ساخته لطف خاصّی دارد. چون بعدها مشرق الاذکارهائی در سراسر عالم ساخته خواهد شد، امّا چون جناب افنان این بنای تاریخی را ساختند این لطف خاص دارد. و این مسافرخانه اوّلی هم چیز دیگری است که آقامیرزا جعفر برای راحتی خیال ما ساخته است. بعدها مسافرخانه های

بیشماری در عالم امر ساخته خواهد شد امّا این مسافرخانه اولی چیز دیگری است چون با نیّت خالص بوده جمیع مرسلین و مقرّبین از عالم بالا به ایشان دعا می کنند و طلب تایید و موفقیت های روز افزون.

ـ ابوالفضل رحمانی

۱- موسی تقی اف از حضرت عبدالبهاء، ثروت خواسته بود و از یک دکان کوچک نفت فروشی چنان فضل حق شامل حالش شده بود که در حال حاضر ثروت زیادی از جمله سه چاه نفت خداوند به او عطا فرموده بود.

۲- در آن موقع در بادکوبه هتل یا مهمانخانه وجود نداشته و آقا میرزا جعفر در قهوه خانه که مرسوم آن زمان بوده می خوابیدند.

۱۹ ـ نقاب صورت

روزی مادر عبدالعلی حکیم کلیمی به حضور مبارک مشرف می شود ولی سر و صورت را با نقاب پوشانیده بود و به محض ملاقات حضرت عبدالبهاء می گوید: مولای من وقتی من شما را می بینم خجالت می کشم و بایستی نقاب بزنم . حضرت عبدالبهاء با گشاده روئی و تبسّم می فرمایند اصلاًخجالت نکش و نقاب را پائینتر کن. وقتی کمی پائینتر کشید باز فرمودند خیر پائین تر بیاور . او آنقدر پائین تر کشید که بکلّی سر و صورتش پیدا نبود آنوقت فرمودند آلان خوبست خیلی خوبست نه تو می توانی کسی را ببینی و نه کسی تو را می تواند ببیند.

ـ دکتر ضیاء بغدادی

۲۰ ـ تخم طاووس

یکی از ناقضین که از بستگان جمال مبارک هم بود بکرّات به باغبان روضه مبارک مراجعه می‌کرد و از او مطالبه یک عدد تخم طاووس می نمود و باغبان از دادن تخم طاووس امتناع می‌ورزید.

بالاخره آن شخص ناقض به حضرت عبدالبهاء مراجعه نمود و شکوه کرد که هر چه از باغبان تخم طاووس می خواهم به من نمی دهد. حضرت عبدالبهاء به باغبان دستور می فرمایند یک عدد تخم طاووس به فلانی بده. باغبان هم روز بعد یک عدد تخم طاووس برای آن ناقض می فرستد. آن ناقض آنرا زیر مرغی می‌گذارد و هر چه صبر می‌کند جوجه ای از تخم بیرون نمی آید. بالاخره به حضور حضرت عبدالبهاء عرض می‌کند که این تخم طاووس جوجه اش درنمی آید نمی دانم علّت چیست.

هیکل مبارک بعداً از باغبان استفسار می فرمایند. باغبان جواب می دهد من چون مایل نبودم به این شخص ناقض تخم طاووس های روضه مبارکه را بدهم چون شما امر فرموده بودید امر مبارک را اطاعت کردم ولی تخم طاووس را قبلاً پختم و بعداً به او دادم. هم امر مبارک اطاعت شد و هم این شخص ناقض از داشتن جوجه طاووس روضه مبارکه محروم شد. در این وقت حضرت عبدالبهاء تبسّمی فرمودند و باغبان مرخص شد.

۲۱ ـ داستان ایمان درویش خندان

درویش خندان برای افسر بهائی که ماموریت در شهر بهبهان داشته داستان ایمان خود را چنین تعریف نموده است:

می‌گوید من درویشی مانند سایر دراویش با قیافه درویشی در کوچه و بازار شهر مرتب ورد زبانم مولا مولا بود و اشعار می‌خواندم تا اینکه روزی شخص محترمی جلوی من ایستاد و گفت من تصمیم دارم آستین تو را بگیرم و قَسَمَت بدهم که این مولا مولا که می‌گوئی راست است یا خیر. آیا حقیقتاً به مولا ایمان داری یا خیر؟ آیا واقعاً عاشق مولایت هستی یا خیر؟ گفتم اگر عاشق حق و مولایم نباشم به این شکل که شما دارید مشاهده می‌کنید در نمی آمدم .

آن شخص جامع به من گفت اگر راست می‌گوئی می‌خواهی من مولایت را به تو نشان بدهم ؟ فوراً قبول کردم و او گفت برو ، برو تا به حیفا برسی و مولای عالمیان که حا لادر ارض مقصود زندگی می‌کند و نام مبارکش عباس افندی است زیارت کنی تا بدانی مولای حقیقی حّی است و آنوقت که عاشق آن روی نورانی شدی و قلبت روشن شد در آن موقع که بگوئی مولا مولا بیشتر تاثیر خوهد داشت .

می‌گفت گفتم تو مشخصات و نقشه راه را به من بده و من از همینجا حرکت می‌کنم و می روم . آن آقای محترم راهنمائی های لازم را به من کرد و من براه افتادم و حدود چهارماهی طول کشید با چه سختی ها ـ آفتاب ـ باران و سیل و حیوانات وحشی و هزاران ناراحتی و گرسنگی و تشنگی و خسته و وامانده تا اینکه به حیفا رسیدم. جویا شدم که من آمده ام و می خواهم عباس افندی را زیارت کنم. گفتند ایشان مدتی است به امریکا رفته اند و در حال برگشت هستند ولی معلوم نیست کی به حیفا می رسند.

من هم تخته پوستم را زیر یک درخت کهن پهن کردم و بعداً فهمیدم که نزدیک مقام اعلی هستم. روزها می رفتم در شهر قلندری می‌کردم و عصرها می آمدم زیر همان درخت می خوابیدم و منتظر بودم کی مولا وارد می شوند. تا روزی شخصی که باغبان آن مقامات بود پیش من آمد و گفت شما بیخود اینجا معطل هستی، ممکن است حالا حالاها حضرت عبدالبهاء تشریف نیاورند. به او گفتم این حرف‌ها به شما مربوط نیست رابطه من و خدای من است. او قصد داشت مرا از زیر این درخت کهن بیرون کند.

در اینموقع که ما جَر و بحثمان طول کشید دیدم یک خانم قد بلند و چشمهای میشی چارقد به سر از لابلای درختها نزدیک ماشد و فرمود چرا با هم بلند صحبت می‌کنید؟ داستان و ماجرا را برای آن خانم تعریف کردم. آن خانم رو به باغبان باشی کرد و گفت هیچ کاری به کار این درویش نداشته باشید و از فردا صبح، صبحانه و ناهار و شام از بیت مبارک می‌رسد و اینجا باشید تا حضرت عبدالبهاء تشریف بیاورند.

منهم ماندم حدود دو هفته بعد حضرت عبدالبهاء تشریف آوردند و من تا به لقای مبارک چشمم افتاد منقلب شدم و لبیک گفتم و ایمان آوردم و خواستم برگردم، فرمودند شما چند روزی هم اینجا باشید تا با هم باشیم. بنده بیشتر خوشحال شدم تا بیشتر کسب فیض کنم. تا اینکه به ما اطلاع دادند دو روز دیگر حضرت عبدالبهاء، مبیّن آیات الله، زائرین را مرخص می‌فرمایند. من هم جُل و پوستم را جمع کرده و وسایل مراجعتم را فراهم و آماده شدم تا سرساعت مقرّر برای خداحافظی و تودیع به حضور مبارک مشرف شویم.

خوب معلوم است همه زائرین از این جدائی چه حالی دروجودشان بود. هم وجود حضرت عبدالبهاء را از قلب خود دور نمی پنداشتند و هم باید ترک دیدار هیکل عنصری مبارک را بنمایند. اشکها جاری بود و زود زود اشکها را پاک می‌کردیم تا برای لحظات آخر وجود مبارکش را در چشم سر ضبط کنیم.

باری، در این موقع پس از لحظه ای سکوت و با صدای آرام نصایح مشفقانه برای تعلیم و تربیت به منظور پیشرفت امر تبلیغ به اهل عالم شروع شد و ساعتی گذشت و همه ما سرمست و مدهوش بیانات مبارکش بودیم که دستور فرمودند خادم کاسه اشرفی را بیاورد. فوراً اطاعت نمود و کاسه اشرفی سنگینی را به حضور مبارک آورد. به هر یک از زائرین یک اشرفی عنایت فرموده و مرخصشان می‌کردند.

وقتی به این بنده، که نفر آخر بودم، نوبت رسید مرا در آغوش کشیده بوسیدند و فرمودند: درویش، این تعداد اشرفی که در کاسه باقیمانده می خواهم همه را به تو بدهم زیرا دراویش عقیده دارند و می‌گویند: سودا چنین خوش است که یکجا کند کسی. من هم دو دستم را پیش بردم و آنچه در کاسه بود توی دستم سرازیر کردند. من فوراً آنها را در دو جیب قبای خود جا دادم و عرض کردم قربان من وقتی که از ایران به طرف حیفا حرکت می کردم ملاحظه می فرمائید به آستری دولبه قبای خود تعدادی اشرفی دوخته‌ام که به ظاهر معلوم نشود که اگر یک وقتی سر راه دزدان بی انصاف به من حمله کنند نتوانند این اشرفیها را ببینند تا اگر احتیاجی

بود چند تائی از آنرا بفروشم و خرج کنم تا بتوانم به زیارت شما نائل گردم .

در این موقع هیکل مبارک نگاهی به این اشرفیها ی دوخته به لبه قبایم نموده و فرمودند: خدا به شما برکت عنایت فرماید فی امان الله. همه مرخص شدیم و بنده خود را به بهبهان رساندم و شغل قلندری را شروع کردم .

احباء که می دانستند من به زیارت مولای خود نائل شده ام بدیدن بنده می آمدند و بنده داستان رفتن و زیارت مولا را برای آنها تعریف می‌کردم بخصوص که چطور این اشرفی ها را عنایت فرمودند. چندین نفر از احباء هر کدام این اشرفی ها را چهار یا پنج برابر قیمت اصلی برای تبرّک برای خودشان خریدند. یک وقت متوجّه شدم که یکدانه اشرفی برای خودم مانده، با خودم گفتم که این یکدانه را خوبست نگاه دارم و سرمایه کار و کاسبی نمایم و از قلندری دست بردارم و به کسب و کاری مشغول شوم.

تا اینکه روزی به بیابانی دور از شهر رفته و دیدم آبشار نسبتاً خوبی آنجا بود و چون از شهردور بود مردم فقط روزهای جمعه و روزهای تعطیلی برای تفریح باعائله خود سماور و چای و غذا برداشته پیاده و یا با دوچَرخه و اسب خود را به آنجا می رساندند و در کنار این آبشار به استراحت می پرداختند. وقتی این آبشار را دیدم خداوند بفکرم انداخت که چه خوب است آبشار و زمینهای اطراف آنرا بخرم و از این آبشار استفاده کرده یک آسیاب بسازم و این زمینهای اطراف را به زارعین بفروشم . هم زمین مرغوب و هم آب فراوان . مطمئناً محصول خوب خواهد داد و از آسیاب هم استفاده کرده و گندم و جو زارعین را هم آرد می‌کنم و تحویلشان می دهم.
خلاصه، چندین حسن خداپسندانه در فکرم پرورواندم .

روزی گشتم تا صاحب زمین و آبشار را که در اداره اوقاف بود پیدا کردم و آن را خریدم.
با آن سکّه اشرفی مرحمتی حضرت عبدالبهاء به ساختمان آسیاب و خرید سنگهای آسیاب و غیره شروع کردم و بعد به فروش قطعات زمین اطراف آسیاب به زارعین مشغول شدم. باری کار به جائی رسید که زمانی نام این آسیاب را به نام پسرم صالح گذاردم . زارعین از راههای دور گندم و جو را بار می‌کردند و می گفتند به آسیاب صالح می بریم و همانجا کنار آبشار می مانیم تا آرد شود و تفریح هم می‌کنیم تا آرد حاضر شده و به ده ویا قصبه خودمان برگردیم .

از برکت اشرفیهای حضرت عبدالبهاء الحمدالله هم ایمان محکمی به جمالقدم و اسم اعظم پیدا کرده و محکمتر شده ام و هم قلندری را کنار گذاشته ام و هم خداوند چنان به من رو کرده که با خرید زمینهای اطراف آسیاب و قطعه بندی کردن و فروختن آنها به قیمت های چندین برابر خرید، صاحب مکنت حسابی شده ام . حال با عائله ام در نهایت سرور و شادمانی در ظلّ عنایات جمال بیمثالش زندگی می کنیم . این بود داستان مولا مولا مولا گفتن من که همان مولا کار را به اینجا رسانید.

ـ ابوالفضل رحمانی

۲۲ ـ تمرین

یکی از پادشاهان ایران به نام سلطان سنجر علاقه فراوانی به شکار داشت و خود شکار چی بسیار ماهری هم بود. روزی با یکی از کنیزکان بسیار مقرّب خود به شکار رفت و از دور آهوئی را دید که با پای خود گوشش را می‌خاراند. سلطان به کنیزک گفت می‌خواهی سُمّ و گوش این آهو را به هم وصل کنم و کمان را کشید و تیری رها کرد بطوریکه سُمّ آهو به گوشش وصل شد و تیر به گوش آهو فرو رفت. رو به کنیزک نمود و گفت تیر اندازی چطور بود؟ کنیزک جواب داد کار نیکو کردن از پر کردن است.

پادشاه خیلی عصبانی شد و با آنکه کنیزک را هم خیلی دوست داشت تحویل وزیر داد و گفت فوراً او را بکُش. سپس به طرف شهر حرکت کرد. وزیر که با تدبیر بود فکر کرد که شاه در موقع صدور این فرمان عصبانی بوده و ممکن است بعداً پشیمان شود و جان او در خطر باشد. کنیزک را به دِه خود برد و تحویل کدخدا داد و گفت او را در خانه نگهدار ولی کسی از این موضوع مطّلع نشود.

مدتی نگذشته بود که گاو کد خدا زائید و گوساله کوچکی متولّد شد. پس از چند روز کنیزک از کدخدا تقاضا نمود که راه پلّه پهن و بزرگی از سطح حیاط به پشت بام خانه جهت او ساخته شود و کدخدا آنرا ساخت . کنیزک هر روز چندین دفعه این گوساله را بر روی شانه های خود می‌گذاشت و از راه پلّه به پشت بام می رفت .

به تدریج که گوساله بزرگ می شد تمرین موجب گردیده بود که کنیزک با قدرت گوساله را بلند کند و از پلّه به آسانی به پشت بام ببرد. وقتی گوساله یکساله و سنگین و بزرگ شده بود کنیزک به کدخدا گفت به هر وسیله شده به وزیر اطلاع بده که پادشاه را روزی به خانه تو بیاورد.

کدخدا جریان را به وزیر اطلاع داد. وزیر هم روزی پس از شکار شاه را برای غذای ظهر به منزل کدخدا دعوت نمود. پس از صرف غذا، کدخدا به شاه عرض نمود که دختری دارم که نمایشی عجیب می دهد. در این موقع کنیزک با روی بسته گاو را آورد و بر دوش خود گذاشت و از پلّه ها به پشت بام رفت و برگشت و از شاه پرسید کار من چطور بود؟ شاه تاملی نمود و گفت کار نیکو کردن از پُر کردن است . به محض آنکه شاه این جمله را بیان نمود کنیزک روی خود را باز کرد و گفت اعلیحضرتا من هم که همین جمله را گفتم پس چرا دستور قتل مرا دادی .

شاه از دیدن کنیزک مورد علاقه خود خوشحال شد و او را بخشید و به کدخدا انعام و به وزیر صله داد و همه با سرور فراوان بِه مقّر پادشاهی عودت نمودند.

۲۳ ـ نارنگی های روضه مبارکه

یکی از زائرین اعتاب مقدسّه، جناب حبیب الله مدبّر، که قد بلند و رشیدی داشته بعضی مواقع که به درختهای نارنگی می رسیده چند نارنگی می چیده و به عنوان تبرّک میل می کردند. ولی سایر زائرین خیلی ناراحت بودند که چنانچه حضرت ولی امرالله بفهمند ممکن است ناراحت شوند. بالاخره این خبر به سمع مبارک حضرت شوقی ربّانی می رسد و روزی که هیکل مبارک با همه زائرین در روضه مبارکه و در کنار درختان نارنگی بودند و بیانات می فرمودند جناب مدبّر را مخاطب قرار داده و سؤال می فرمایند آیا شما تا کنون از این نارنگی ها چشیده اید؟

در این موقع همه زائرین ناراحت بودند که جناب مدبّر چه جواب خواهند داد. ایشان با حاضر جوابی مخصوص خودشان و شادی فراوان عرض می‌کند قربان از دست مبارک خیر. این پاسخ باعث سرور خاطر مبارک و همه زائرین می شود و حضرت ولی امر عزیز یک نارنگی با دست مبارک چیده و به جناب مدبّر عطا می فرمایند تا از دست مبارک هم تناول کند.

ـ هوشنگ زرگرپور

۲۴ ـ حکایت انجیر

شبی حضرت عبدالبهاء به مناسبت آنکه سر میز شام انجیر آورده بودند پس از تناول شام حکایت زیر را تعریف فرمودند:

فرمودند در ایّام جزار (نام والی شهر) زن پیری بود که از درخت انجیری که در خانه داشت معیشت می کرد. یعنی در فصل انجیر هر روز مقداری از آنرا می چید و به بازار می برد و می فروخت. یک سال دزدی پیدا شده بود که شبها می آمد و انجیرهای درخت او را می چید و می برد و بهیچوجه پیر زن نمی توانست دزد را پیدا کند. ناچار به والی شکایت کرد. والی، یعنی جزار، پس از چند دقیقه فکر کردن به زن سفارش کرد که آن روز سعی کند در انجیرهای رسیده یک دانه جو فرو کند و طوری جو را داخل انجیر نماید که علامتی نداشته باشد.

فردا صبح خود جزار به دروازه شهر رفت و دستور داد هر کس می خواهد انجیر وارد شهر بکند اول نزد او ببرد. آنوقت هر کس از باغ با سبد انجیر می آمد او چنددانه از آنها را بر می داشت و باز می کرد تا بالاخره انجیر جودار را پیدا کرد. فوراً ازصاحبش پرسید این انجیرها را از کجا آورده ای و از کجا دزدیده ای؟ او جواب داد ندزدیده ام و از درختهای خودم چیده ام. جزار گفت اگر راست نگوئی فوراً دستور می دهم سرت را از تن جدا کنند. او فوراً اقرار کرد و به مجازات رسید.

این حکایت را که می نوشتم یاد حدود پنجاه و پنج سال قبل افتادم که این بنده خیلی جوان بودم و با برادرم در اروپا گردش می کردیم تا به ایتالیا رسیدیم. خیلی دیر وقت شده بود و تصمیم به ماندن در هتل کوچکی در کنار دریا گرفتیم. حدود دو ساعتی رانندگی کردیم و هتل خالی پیدا نکردیم. شخصی به ما منزل یک پروفسور دانشگاه را نشانی داد که او چند اطاق دارد و در تابستانها اجاره می دهد.

به منزل پروفسور مرجعه کردیم و از قضا اطاق خالی داشت و شب را در آنجا ماندیم ولی صبح خیلی زود بیدار شدیم. برادرم به بنده گفت نگاه کن در وسط این حیاط چند درخت پر از انجیر دیده می شود. ما رفتیم و از آن انجیرهای رسیده و عالی مقداری چیدیم و جای همه شما خالی خوردیم و صبح روز بعد هم مجدداً این عمل را تکرار کردیم.

روز سوم صبح زود که بنده در خواب بودم (برادرم هم خواب بود) صدای ضربه زدن به درب اطاق را شنیدم. با لباس خواب درب را باز کردم دیدم پروفسور صاحب منزل با یک بشقاب پر از انجیر به دست آن جاست. گفت شما مسافرهای عزیز من هستید و من راضی نیستم برای خاطر انجیر صبح به این زودی بلند شوید و خواب خود را از دست بدهید. این انجیرها را دیشب چیده و در یخچال گذارده و الساعه برای شما آورده ام تا نوش جان کنید و خواب راحت داشته باشید. ما کمی خجل شدیم و فهمیدیم که هر دو روز گذشته که ما صبح انجیر چیده ایم پروفسور بیدار بوده و از پنجره اطاقش ما را می دیده است .

۲۵ ـ حکایت سید صادق

مردی متعصب در طهران به نام سیّد صادق زندکانی می کرد. همسرش فائزه خانم، بهائی بسیار مؤمن و فداکار و خادم بود. این خانم مرتباً با شوهرش راجع به اثبات دیانت بهائی مذاکره می نمود ولی شوهر بهیجوجه تصدیق نمی‌کرد. فائزه خانم هر وقت می شنید مبلّغی وارد طهران شده به هرترتیبی بود او را دعوت کرده و به مذاکرات امری می پرداخت. پس از عزیمت مبلّغ سیّد صادق دعوای مفصّلی با زنش می‌کرد و حتّی او را کتک هم می زد و دستور می داد تمام اثاثیه را بشوید و غسل بدهد.

تا این که روزی یکی از مبلّغین بغدادی حدیثی در اثبات امر مبارک برای سیّد صادق بیان می‌کند ولی سیّد صادق می‌گوید اینها درست نیست و چنین ا حادیثی اصلاً وجود ندارد. اتفاقاً پس از چند روز یکی از حدیث ها را در کتابی می بیند و آنوقت به فکر فرو می رود که شاید سایر حدیث ها هم درست باشند.

از طرفی فائزه خانم هم مرتباً به شوهرش فشار می آورده و با وجود آن که هر دفعه کتک می خورده ولی دست از تبلیغ شوهرش برنمی داشت. تا اینکه بالاخره سیّد صادق روزی به زنش می‌گوید تو که دست بردارنیستی من هم که حرفهای تو را قبول ندارم پس‌حالا من یک سؤال از مولای شما عباس افندی می‌کنم. اگر جواب مرا درست دادند من بهائی می شوم و اگر جواب درست نبود شما بایستی مسلمان بشوی . زن با کمال اطمینان قبول می‌کند. سیّد صادق دو پاکت برای زنش می آورد که یکی به آدرس حضرت عبدالبهاء مرقوم شده بود و دیگری به آدرس محفل روحانی، و می‌گوید عین سؤالی را که دارم در دو پاکت نوشته ام یکی را برای عبدالبهاء بفرست و دیگری در این صندوق بسته امانت است. جواب که آمد آنرا باز می‌کنیم.

مدتی بعد جمعی عازم زیارت بودند و فائزه خانم پاکت حضرت عبدالبهاء را به مسافرین می دهد. آقای میرزا یوسف خان وجدانی در حضور حضرت عبدالبهاء حاضر بودند و تعریف کردند که وقتی در حضور مبارک بودیم بیاناتشان بیشتر در این زمینه بود که اشخاص مظاهر الهی را به طرق مختلفه امتحان می‌کنند. در این موقع پاکات زیادی از پست خانه و سایر نقاط و مسافرین رسیده بود که به حضور مبارک می آوردند. هر وقت پاکات می رسید حدود پانصد الی هزار عدد بود.

حضرت عبدالبهاء جالس و مشغول بیانات بودند و دست توی کیسه نموده و یکی را برداشته و با قیچی که از درون قلمدان برداشتند سر کاغذ را باز کرده و کاغذی کاملاً سفید از داخل پاکت بیرون می‌آورند و می فرمایند ملاحظه کنید کاغذ سفید فرستاده اند و می خواهند عبدالبهاء را امتحان کنند. (جریان از این قرار بوده که سیّد صادق سؤالی که داشته در پاکت محفل نوشته و در پاکت ارسالی برای حضرت عبدالبهاء کاغذ سفید گذاشته و در فکر این بوده که اگر این امر حقّ است جواب سؤال مرا خوهند داد). دراین موقع حضرت عبدالبهاء فرمودند که اگر به خاطر زوجه این شخص که خیلی در خدمات جانفشان است نبود ابدا جوابی داده نمی شد امّا برای رعایت حال زنش جواب او را می دهم و روی همان کاغذ سفید چند خطّی مرقوم فرمودند و دستور پست کردن آنرا دادند.

بعد از مدّتی محفل روحانی طهران به سیّد صادق اعلام می‌کند که جواب عریضه شما آمده است. سیّد صادق به فائزه خانم می‌گوید که اطلاع بدهید که جواب بایستی در حضور اعضای محفل خوانده شود زیرا سرّی در کار است. بعداً به زنش گفت من کاغذ سفید فرستاده ام و اصل سؤال در پاکتی است که در این صندوق امانت است. کاغذ را در حضور اعضای محفل باز خواهیم نمود تا آنها بدانند سؤال چه بوده و جواب حضرت عبدالبهاء چه بوده است . فائزه خانم رنگ از رویش پریده و فوراً به محفل مراجعه و جریان را بازگو می‌کند.

اعضای محفل می‌گویند حقّ جواب کاغذ را داده بایستی آن‌را باز کرده و در حضور شوهر شما خوانده شود.سیّد صادق با صندوق به محفل می رود. ابتداء از صندوق پاکت سؤال را خارج نموده و سؤال خود را بلند می‌خواند. سؤال در باره توضیح یک حدیث بوده است. بعد پاکت رسیده از حضرت عبدالبهاء را باز می‌کند و می‌خواند. حدیث راجع به علم بوده و حضرت عبدالبهاء مرقوم فرموده بودند دو نوع علم موجود است یکی را تحصیل می‌کنند و دیگری اسرار الهی است که خداوند به هرکس می خواهد می دهد.

به محض آنکه جواب خوانده می شود سیّد صادق مشاهده می‌کند که آنچه حضرت عبدالبهاء مرقوم فرموده اند جواب کامل و درست سؤال او می باشد. در این هنگام سیّد صادق هیجان زده شده و عمّامه را از سر برداشته و بر زمین زده و شروع به گریه و ناله می‌کند و از زنش عذرخواهی کرده و به دست و پای او می‌افتد که مرا ببخش توبه کردم من جاهل بودم و غافل. حالا می‌فهمم که امر حق است. سپس با کمال عجز از ساحت محفل تقاضا می‌کند که عریضه حضور حضرت عبدالبهاء بنویسند و تقاضای تشرّف برای او بنمایند.

خوشبختانه پس از مدتی اجازه تشرّف واصل و او با خانمش فائزه خانم حضور مبارک مشرف می شوند و مورد عنایت هیکل مبارک قرار می‌گیرند و حضرت عبدالبهاء به فائزه خانم می فرمایند این شوهر تو چنین جُرأتی کرده و کاغذ سفید فرستاده. ما بنده جمال مبارک هستیم من کجا و امتحان کجا.

ـ جناب اشراق خاوری

۲۶ ـ اولین مسافرخانه عکّا

در زمان عثمانیها گمرک شهر عکّا در کاروانسرائی بود که بعداً گمرک از آنجا نقل مکان کرد و کاروانسرا به صورت مسافرخانه مسافرین خارجی درآمد. در پائین این کاروانسرا اسب و الاغ نگهداری می شد. حضرت عبدالبهاء در طبقه بالا در یک گوشه اطاق اجاره کرده بودند تا احبائی که برای زیارت می‌آمدند محلی برای استراحت چند روزه داشته باشند. اجاره این اطاقها در زمانی بود که حضرت بهاءالله از قشله عسکریه بیرون تشریف آورده بودند و حدود ده ماه در سه منزل مختلف در عکا تشریف داشتند.

با توجه به این‌که اطاقها نزدیک محل نگهداری احشام بود در این اطاقها کَک و پشه بسیار زیاد بود و احبائی که در این اطاق ها می ماندند از این بابت اذّیت می‌شدند و حتّی خواب راحت نداشتند و وقتی چراغ را روشن می‌کردند اطاق را پر از کَک و پشه می دیدند ولی عشق زیارت جمال مبارک و حضرت عبدالبهاء این مسافرین را سر زنده می داشت و در حقیقت بلا را شفا می‌دیدند. حضرت عبدالبهاء می فرمودند اغلب من برای دیدن احباء می آمدم و دلم نمی آمد که آنها را ترک کنم. یک شب با پوستینی آمدم و قدری هم نشستم فوراً کَک ها حمله کردند مدّتی صبر کردم بعد از آن پوستین را برگردانیدم و توانستم یک لحظه استراحت کنم.

از جمله جناب میرزا موسی کلیم هم یک مدّتی در این محّل تشریف داشتند و یک دفعه هم جمال مبارک برای دیدن برادرشان به این محل در این کاروانسرا تشریف آوردند. واقعاً جای بسیار سختی بوده است. یک شب که هوا بد و شرجی شدید هم بوده صبح زود حضرت عبدالبهاء برای دیدار مسافرین به این مسافرخانه تشریف می آورند و به مسافرین رو کرده با تبسّم می فرمایند خوب دیشب که هوا خیلی عالی بود و خواب راحت داشتید و استراحت کامل نموده اید. یکی از زائرین که مختصر طبع شعری هم داشته در جواب حضرت عبدالبهاء فی‌البداهه شعر زیر را سروده عرض می‌کند:

از سر شب تا سحر غوغاست در مُلک بدن پشه مُزغان چی و کَک رقّاص و بنده چنگ زن
حضرت عبدالبهاء تبسّم فرموده پس از اظهار عنایت به یکایک مسافرین محّل را تَرک می فرمایند.

ـ جناب ذبیح

۲۷ ـ داستان کشیش و حاجی میرزا حیدرعلی

در شهر حیفا کشیشی مسیحی بود که گاهگاهی احبّاء را اذیت می‌کرد و به هیچوجه توجّهی به گفته آنها نداشت. حاجی میرزا حیدرعلی وقتی از این جریان مطّلع شد روزی نزد کشیش رفته و به او می‌گوید این چیست که به گردنت آویخته ای؟ کشیش جواب می‌دهد این صلیب حضرت مسیح است. حاجی می‌گوید حضرت مسیح روی این صلیب خیلی زجر کشید و خیلی در عذاب، روزها و شبها به آن آویخته بود. چرا این را آویزان کرده ای؟ بهتر است چیزی را آویزان کنی که حضرت مسیح دوست داشته و به آن حضرت خدمت کرده باشد.

کشیش می پرسد آن چیست ؟ حاجی جواب می‌دهد حضرت مسیح خری داشته که خیلی خدمت کرده و حضرت مسیح آنرا دوست داشته و از آن استفاده می‌کرده، بهتر است مجسّمه خر را به گردنت آویزان کنی. کشیش خیلی عصبانی و ناراحت می‌شود و فوراً به حضور حضرت عبدالبهاء می‌رود و شکایت می‌کند. حضرت عبدالبهاء با کشیش مهربانی می‌فرمایند وبه او می‌فرمایند: "من با حاجی صحبت می‌کنم" ، بعد او را مرخص می‌فرمایند.

وقتی حاجی مُشرّف می‌شود حضرت عبدالبهاء به او رو کرده می‌فرمایند: "مَرد حسابی باز رفته ای و حرف حسابی زده ای ؟"

۲۸ - ازل و مشگین قلم

وقتی که دولت عثمانی حضرت بهاءالله و همراهان را به عکّا سرگون می‌کند چند نفر از احباء از جمله مشگین قلم را همراه ازل به قبرس تبعید می‌نماید. این عدّه بسیار ناراحت بوده اند و همیشه آرزوی رفتن به عکّا و خارج شدن از قبرس را داشته اند. در این زمان ازل مرتباً با نقاط مختلفه نامه نگاری می‌کرد و قسمتی از اوراق و نامه های خود را در سبدی می‌گذارد و میخی به سقف اطاق زده و با طناب و قرقره ای سبد اوراق و نوشتجات خود را به سقف اطاق آویزان می‌کرد.

از قضا در آن سال مدّت مدیدی بود که باران در قبرس نباریده بود و همه خصوصاً زارعین ناراحت بودند. وقتی جناب مشگین قلم از منزل بیرون می‌رفت و به‌مردم‌عادی می‌رسید می‌گفت که علّت نباریدن باران آن است که اَزل سِحر و جادو می‌کند و تمام اوراق سِحر و جادو را در سبدی به سقف اطاق آویزان نموده است . کم کم این شایعه در شهر می پیچد و مردم دهان به‌دهان آنرا تعریف می‌کنند. پس از مدّتی همه باور می‌کنند که علّت نباریدن باران سِحر و جادوئی است که ازل می‌کند.

روزی تصمیم می‌گیرند که در نبودن ازل به خانه او بروند و سبد را پیدا کرده و آنچه در آن بود آتش زنند و همین کار را انجام می‌دهند. شب که مشگین قلم به‌منزل آمده و از جریان مطّلع می‌گردد سربه آستان می‌گذارد و شروع به گریه و زاری می‌کند که یا حضرت بهاءالله چه غلطی کردم. اگر فردا باران نبارد اوضاع من خراب می‌شود. مدتها در حال مناجات و گریه و زاری بوده و با قلبی حزین از حضرت بهاءالله می‌خواسته که باران بیاید. سَحر خوابش می‌برد و صبح خیلی زود از سر و صدا بیدار می شود و می بیند رگبار شدیدی شروع به باریدن کرده و از خوشحالی رقص کنان از اطاق خارج می‌شود و مُحّبت مردم نسبت به او افزایش می یابد. این عمل موجب می‌شود که او و چند نفر دیگر توانستند از جزیره قبرس خارج شده و نجات پیدا نمایند.

۲۹ ـ پادشاه و وزیر

حاجی میرزا حیدرعلی یکی از متقدّمین و مؤمنین اولیه در کتاب بهجت الصدور که به امر حضرت عبدالبهاء از خاطراتش مرقوم داشته از قول حضرت عبدالبهاء داستان زیر را نوشته است :

پادشاهی بود مدبّر و باهوش روزی از وزیرش پرسید که در روز خلعت پوشان که همه در باریان نعمت و خلعت از دست ملوکانه می‌گیرند باید به من بگوئی که خدا چه می‌خورد و خدا چه می‌پوشد و خدا چه می کند. وزیر بیچاره که از این سؤال شاه متعجّب شده بود افسرده و مغموم به منزلش رفت و تمام شب را در این فکر بود که در روز موعود که تمام درباریان و صاحبان مناصب و بزرگان مملکت جمع هستند چگونه جواب سؤالات سلطان را بدهد.

وزیر را نوکری بود به غایت باهوش و زرنگ. چون حزن و ناراحتی اربابش را دید علّت را از او سؤال کرد. وزیر گفت که پادشاه امر نموده که من در روز خلعت پوشان به او جواب بدهم که خدا چه می‌خورد و چه می‌پوشد و چه کار می کند. من متحیرم که در آن روز جواب سلطان را چگونه بدهم . نوکر گفت من دو جوابش را حالا برایت می‌گویم و جواب سوّم را در روز خلعت پوشان به شما خواهم گفت . جواب اوّل این است که خدا غصّه بندگانش را می‌خورد و جواب دوّم این است که خداوند لباس ستّاری دربَرمی کند و گناه بندگانش را می‌پوشد.

چون روز موعود فرا رسید و همه بزرگان مملکت و صاحب منصبان عالیرتبه جمع شدند وزیر به حضور شاه رفت و دو جوابی که نوکرش داده بود بیان کرد. شاه که وزیرش را می شناخت با تعجّب از او پرسید که این جوابها را که به او گفته. وزیر جریان را برای شاه تعریف کرد و گفت نوکرم گُفته است . سلطان به وزیرش گفت که خوب است آن نوکر وزیر شود و تو نوکری او را بکنی. چون نوکر خلعت وزارت را دربَر کرد به اربابش که قبلاً وزیر بود گفت جواب سوّم این است که خداوند از یکی می‌گیرد و به دیگری می‌دهد، چنانچه امروز مشاهده نمودی .

ـ حاجی میرزا حیدرعلی

۳۰ ـ داستان حاجی کریم خان

روزی حضرت عبدالبهاء در جمع زائرین راجع به حاجی کریمخان و ناصرالدین شاه بیاناتی فرمودند در این زمینه که حاجی کریم خان چه کارهائی می‌کرده، همیشه رسائل ضد امر می‌نوشت و به ناصرالدین شاه تقدیم می‌کرد و عبا و عصا هدیه می‌گرفت. وقتی بود که ناصرالدین شاه از او ملال داشت چون که قریب به نصف ایران مرید او بودند. یک روز پیش ناصرالدین رفت. در دستش رساله‌ای داشت. عرض کرد که کتابی بر ردّ بابیه نوشته ام . ناصرالدین شاه گفت کتابهای شما بی ثمر است، شمشیر من است که اساس بابیّه را از ریشه میبُرد نه حرفهای شما. حاجی کریم خان خیلی شرمنده گشت .

دشمنانش اسم او را هفت کاف گذاشتند :

کریم ـ کوتاه ـ کر ـ کرمان ـ کوسه ـ کچل ـ کافر

چطور ریشه هردو کنده شد.

۳۱ ـ شیخ محمود عراقی

در زمانی که حضرت بهاءالله را به قلعه عکّا سرگون کردند قلعه عکّا محصور بوده و فقط از دو درب ، یکی بحری و دیگری خشکی، ورود به عکّا امکان پذیر بود. زائرین بعد از آنکه اغلب پیاده از ایران به راه می افتادند و پس از عبور از طریق کرمانشاه و بغداد تقریباً پس از شش ماه به درب خشکی می‌رسیدند تازه برای ورود به قلعه با اشکالات فراوانی روبرو می‌شدند. زیرا زمانی که حضرت بهاءالله را به قلعه عکّا فرستادند دولت عثمانی چهار نفر از ازلی‌ها را هم همراه حضرت بهاءالله به عکّا اعزام داشت. این چهار نفر عبارت بودند از سیّد محمد اصفهانی، نصرالله تفرشی، آقا جان کج کلاه و رضا قلی. این‌ها در نزدیک دروازه خشکی نگهبانی می کردند که احدی نتواند با حضرت بهاءالله ملاقات نماید.

معمولاً از پنجره دوّم ساختمانی در داخل قلعه، درب خشکی را مورد نظارت قرار می‌دادند تا چنانچه زائری، پس از شش ماه پیاده روی، عازم ورود به قلعه باشد به نحوی از انحاء مانع ورود او شوند. این مسافرین مجبور بودند در بیرون قلعه، خارج خندق به انتظار بایستند و به پنجره اطاق زندان حضرت بهاءالله چشم بدوزند که چه موقع جمال مبارک در پشت پنجره تشریف بیاورند و دست مبارک را از پنجره خارج و اظهار عنایت فرمایند. این تنها زیارت آنها بود.

این وضع مدتها ادامه داشت. پس از دو سال و چند ماه که حضرت بهاءالله از زندان انفرادی آزاد شدند در سه منزل خان خوّام، خان ربیع و خان ملک مدتی سکونت فرمودند. زمانی پس از ورود به بیت عودی خمار و نزول لوح مبارک قداحترق المخلصون چند نفر از دوستان، منجمله جناب سلمانی تصمیم گرفتند این دشمنان امر را از بین ببرند. شبانه به محلّ آنها رفته سیّد محمّد و آقا جان و یک نفر دیگر را بقتل رساندند. حضرت بهاءالله که به‌تازگی از تضییقات و مشقّات زندان کمی خلاصی یافته و به‌منزل عودی خمار تشریف آورده بودند که کمی استراحت کنند مجدداً در معرض صدمات و تضییقات جدیدی قرار گرفتند.

مأمورین شبانه به بیت عودی خمار ریخته و جمال مبارک را خارج و سه شب ایشان را نگه داشتند. پس از حدوث این قضایا، باز برای ورود زائرین به قلعه عکّا محدودیتهای تازه ای ایجاد گردید. تا آنکه یکی از آیت الله‌های قلعه عکّا به شرف ایمان فائز گردید و تصدیق امر مبارک نمود. این شخص که شیخ محمود عراقی نام داشت از جمله آیت الله‌های معّظم قلعه عکّا بود. او پس از تصدیق امر مبارک هر شب با چند نفر از مستخدمین خود با چند فانوس به پشت درب خشکی قلعه عکّا می‌رفت و منتظر می‌ماند که چنانچه احبّاء می‌آمدند فانوس به‌دست آنها داده به عنوان

خدمه خود زائرین را وارد قلعه می‌کرد.

حال ببینیم شیخ محمود که بود و که شد: وقتی جمال مبارک به قلعه عکّا وارد شدند شیخ محمود بسیار مُغرض و نسبت به جمالقدم خصومت می ورزید. وقتی حضرت بهاءالله در قشله عسکریه تشریف داشتند شیخ محمود تصمیم می‌گیرد که جمال مبارک را از بین ببرد؛ چون معتقد بود اینها کافرند، ملحدند و قتل ایشان واجب است .

روزی یک کارد بر می‌دارد و زیر عبای خود پنهان می‌کند و به قشله می‌رود، به قصد آنکه حضرت بهاءالله را به قتل رساند. از نگهبان قشله، ستوان یکم احمد جَرّاح که علاوه بر فرماندهی سربازخانه عهده دار حفاظت و حراست جمال مبارک نیز بوده اجازه ملاقات می‌خواهد. وقتی احمد جرّاح به حضور جمال مبارک می‌رود و تقاضای اجازه ورود برای شیخ محمود معروض می‌دارد جمال مبارک می‌فرمایند به او بگو دستت را پاک کن ، دستت را طاهر کن . وقتی احمد جرّاح برمی‌گردد و جواب را به شیخ می‌گوید شیخ خیلی ناراحت می‌شود و عزیمت می‌کند.

پس از چندی مجدداً تصمیم می‌گیرد که این دفعه حضرت بهاءالله را خفه کند. مجدداً از احمد جرّاح تقاضای ملاقات می‌کند و چون احترامی داشته مجدداً احمد جرّاح مشرّف می‌شود و اجازه ورود برای شیخ تقاضا می‌کند. این دفعه حضرت بهاءالله می‌فرمایند به او بگو قلبت را پاک کن . شیخ با دریافت این جواب فوری داخل می‌شود وبه محض ورود خودرا به اقدام مبارک می اندازد و با حال تضرّع تصدیق می‌کند و به شرف ایمان فائز می‌گردد.

بعد این شخص به خدمات بسیار درخشانی نائل و موّفق گردید وهمچنان که اشاره رفت وسیله شد که زائرین به فیض لقای دوست نائل گردند. مضافاً در ازدواج حضرت عبدالبهاء این افتخار نصیبش شد که جزء شهود، قباله ازدواج مبارک را امضاء کند. همچنین وقتی شهادت حضرت غصن اطهر در قشله واقع شد حضور حضرت بهاءالله عرض کرد که من دوست ندارم دست احدی به بدن حضرت غصن اطهر زده شود اجازه بفرمائید من خودم عرش مطهر را بشویم و غسل بدهم و این موهبت نصیبش شد. از آن گذشته افتخار بسیار بزرگی که نصیب او شد آنکه پس از صعود جمال مبارک در قصر بهجی به این فیض عظمی فائز که با حضرت عبدالبهاء کمک کند و عرش اطهر حضرت بهاءالله را تغسیل نماید و به این ترتیب به ایفای چنین خدمات برجسته مؤیّد گردد.

ـ جناب ذبیح

۳۲ ـ دعای کلیمی

روزی حضرت عبدالبهاء راجع به شرایط دعا و مناجات بیانات می‌فرمودند و فرمودند که دعا و مناجات نباید برای نفع شخصی و از روی خودخواهی باشد و حکایت ذیل را بیان فرمودند:

خلاصه حکایت آنکه روزی سه نفر با هم در قایقی سفر می‌کردند: یکی مسلمان ، دیگری مسیحی و سوّمی کلیمی. در ضمن سفر، طوفانی شدید بلند شد و قایق را به این طرف و آن طرف پرت می‌کرد و خطر غرق شدن قایق در کار بود. شخص مسلمان شروع به دعا خواندن کرد و گفت خدایا این مسیحی کافر ملحد را هر چه زودتر غرق کن که من نجات یابم. شخص مسیحی شروع به دعا کرد و گفت ای پدر آسمانی این مسلمان را که دین تو را از بین برده هر چه زودتر از بین ببر و به قعر دریا روانه کن تا قایق نجات یابد. در این جریان هر دو متوجّه شدند که مسافر کلیمی دعا نمی‌کند. از او پرسیدند تو چرا دعا نمی‌کنی؟ او گفت من هم ساکت و بیصدا مشغول دعا هستم و از خدا تقاضا دارم که دعای هردوشما را قبول فرماید و عنایتی کند که هر دوی شما راضی شوید!

۳۳ ـ بیت شیراز

آقای میثاق الله نورالدین این داستان را برایم فرستاده اند:
خادمه شیرین بیان بیت شیراز، به‌نام مادر آقا رضا، زنی بسیار مهربان و با صفا و خوش بیان بود. در یکی از فرصت ها که شب دیروقت بود و ما پس از زیارت بیت مبارک در کنار یکدیگر در اطاق مسکونی این خانم نشسته و از هردری سخن می‌گفتیم داستانی تعریف کرد که برای ما بسیار جالب و جاذب لطف بود و مطمئناً شوق آور و موجب ایقان بیشتر هر شنونده می‌شود.

ایشان تعریف کرد که یک شب سه نفر دزد تصمیم می‌گیرند که به قصد دزدی به بیت مبارک وارو شوند. لذا نردبانی را در کوچه جوار بیت مبارک به دیوار گذاشته و تصمیم می‌گیرند به بالای پشت بام بروند. در اوّل هر کدام از رفتن به بالای نردبان امتناع می‌کند ولی بالاخره پس از چندی یکی از آنان شجاعت نشان داده و داوطلب می‌شود که او اول به پشت بام برود. ولی وقتی روی پشت بام می‌رود، می بیند یک سیّد جوان روی پشت بام قدم می زند و آهسته از طرفی به طرف دیگر می‌رود و پس از کمی مکث برمی‌گردد.

این دزد مدّتی در کمال سکوت صبر می‌کند که شاید آن جوان بالاخره به داخل منزل برود و او بتواند کاری را که می‌خواسته (یعنی دزدی کردن) انجام دهد. ولی چون زمانی طولانی می‌گذرد و سیّد جوان به همان نحو به قدم زدن ادامه می‌دهد آقای دزد از نردبان پائین آمده و جریان قدم زدن جوان سیّد را برای دو نفر همکار خود تعریف می‌کند. آن دو نفر اوّل باور نمی‌کنند و می‌گویند بالاخره این جوان خسته خواهد شد و به داخل منزل خواهد رفت .

مدّتی صبر می‌کنند و تصمیم می‌گیرند یکنفر دیگر بالا رود. بنابراین نفر دیگری بالا می‌رود و او هم همان صحنه را می‌بیند و بعد از مدّتی پائین می‌آید و گفته نفر اوّل را تصدیق می‌کند و پس از مدّتی مباحثه، نفر سوّم به پشت بام می‌رود و با دیدن آن سیّد نورانی در حال قدم زدن از نردبان پائین می آید. سه نفری تصمیم می‌گیرند شب بعد برگردند و یک به یک بالا می‌روند و در هر مرتبه همان صحنه را مشاهده می‌کنند.

این سه نفر پس از مذاکرات طولانی می‌گویند حتماً اینجا یک محّل مهمّی است که این سیّد مأموریت دارد شبها در آنجا نگهبانی و از آن محل مراقبت کند. چون این دزدها اطلاعی از محل نداشته اند تصمیم می‌گیرند که روز به منزل برگردند و چگونگی را تحقیق کرده و از مشخّصات این سیّد جوان مطلع شوند. روز بعد به منزل مراجعه کرده و در می‌زنند. مادر

آقا رضا که شخصی تقریباً سالخورده بود درب را به روی این سه نفر باز می‌کند. از نگاه تعجب آمیز آن خادمه هر سه نفر متوجّه می‌شوند که باید آنجا محل خاصی باشد و نمی‌تواند یک منزل مسکونی معمولی باشد.

پس از کمی تأمل یکی از آنان از مادر آقا رضا می‌پرسد این جا کجا است و چه نوع محلّی است. این خانم مهربان و خوش بیان متوجّه می‌شود که این اشخاص بکلّی از موقعیت بیت مبارک بی اطلاع هستند. این خانم قلباً به حضرت باب توّجه نموده و کمک می‌خواهد. سپس آنان را به‌داخل منزل دعوت کرده و می‌گوید اگر وقت دارید من می‌توانم در چند دقیقه موقعیت این منزل را برایتان تعریف کنم. آنان با کمی شکّ و تردید به‌یکدیگر نگاه کرده بالاخره تصمیم می‌گیرند که به‌منزل وارد شوند.

مادر آقا رضا در این جا کمی مکث کرده و در حالیکه چشمانش پر از اشک شده بود اضافه کرد که در آن روز بیش از یک ساعت با این سه نفر صحبت کردم و از چگونگی اظهار امر حضرت اعلی و کمی تاریخ امر برایشان تعریف کرده و بخصوص راجع به واقعه قلعه شیخ طبرسی گفتم و پس از آن اجازه دادم که از داخل بیت مبارک و اطاق و محل مخصوص اظهار امر زیارت کنند. پس از زیارت هر سه نفر منقلب شده یکی پس از دیگری ایمان خود را به امر جدید ابراز نمودند.

در اینجا اشک از چشمان این خانم رئوف و شیرین بیان جاری شد و گفت می‌دانید این سه نفر حالا کجا هستند؟... بله ایشان هرسه نفر از سوابق بدکاری خود پشیمان شده و با خلوص نیّت به امر جمال اقدس ابهی مؤمن شدند و پس از مدّت کوتاهی هر سه نفر به مهاجرت رفتند... و به طوری که من اطلاع پیدا کرده ام در حال حاضر هر سه نفر در محل مهاجرتی خود دریکی از کشورهای دورافتاده هستند.

بخش ب

حکایاتی از خاطرات
دکتر ضیاء بغدادی

ترجمه از عربی

شماره ۳۴ تا ۷۳

۳۴ ـ حکایت اَیاز

روزی حضرت عبدالبهاء حکایت زیر را بیان داشتند:

فرمودند ایاز جوانی بود چوپان که از صغر سن حسرت دیدار پادشاه (سلطان محمود) را داشت و این حسرت مثل عاشقی شده بود که آرزوی دیدار معشوق خود را داشته باشد. روزی به ایاز خبر دادند که پادشاه از آن حوالی عبور می‌کند و ایاز خودش را به سرعت به مسیر پادشاه رسانید ومنتظر دیدار پادشاه شد. وقتی پادشاه از جلوی ایاز عبور می‌کرد و چشمش به ایاز افتاد توقف نمود و از ایاز احوال پرسی کرد. ایاز با صداقت گفت که آتش شوق دیدار پادشاه در قلبش شعله می زده است . پادشاه از دیدار ایاز و طرز جواب خوشحال شده و او را با خودش به قصر برد و مقرّب درگاهش کرد.

اطرافیان و وزراء شروع به حسادت کرده و می‌خواستند او را نزد پادشاه خفیف کنند. روزی پادشاه جواهر گران قیمتی را در دست داشت و به وزراء و امراء اطراف خودش امر نمود که آنرا شکسته و خورد نمایند ولی هیچ یک از آنها به بهانه گران قیمت بودن و ارزش بسیار زیاد جواهر حاضر به این کار نشد. سپس شاه به ایاز امر به شکستن نمود. ایاز فوراً آن را گرفت و شکسته و خورد نمود و گفت ای پادشاه آنها حرف تو را شکستند و من این سنگ را، زیرا ارزش امر و فرمان تو در نزد من بیش از این قبیل سنگ ها می باشد.

یکی از عادات شاه این بود که گاهی برای گردش و هواخوری به‌اتّفاق وزراء و امراء به خارج شهر می رفت و در مراجعت کیسه ای مملو از سکّه های طلا و نقره به هوا پرت می‌کرد. وقتی این سکّه ها به زمین می‌رسید همگی هجوم می‌آوردند که چند دانه از آنرا بردارند و جمع کنند. شاه از این حالت بچه گانه اطرافیان لذّت می‌برد و از غلتیدن و رویهم افتادن وزراء خوشحال و مسرور می‌گردید. یک بار در این جریان ایاز هم حاضر بود ولی از جای خود تکان نخورد و برای گرفتن و جمع آوری سکّه اقدامی ننمود. اطرافیان این را دستاویزی برای از بین بردن محبوبیت ایاز قرار دادند و این‌طور به پادشاه گفتند که ایاز از تکبّر و خودپسندی از جمع کردن سکّه خودداری نموده است و حتّی یکدانه هم برنداشته است . پادشاه از ایاز سبب جمع نکردن و عدم اعتناء به طلا را پرسید. ایاز جواب داد ایستادن و دیدن روی پادشاه برایم از جمیع طلاها دلکش تر است .

ایاز اغلب جمعه شب ها از قصر بیرون و به خرابه ای در نزدیکی شهر می‌رفت و اطاقی که به درب آن قفل بزرگی بود باز می کرد و مدتی در اطاق می‌ماند و سپس به شهربرمی‌گشت.
اطرافیان شاه این را وسیله ای دیگر برای ازبین بردن محبوبیت ایاز دیدند و به شاه گفتند ایاز گنجی تهیه کرده و در اطاق پنهان نموده و هر هفته برای سرکشی و ازدیاد آن به محل گنج می‌رود. آنقدر این موضوع را تکرار نمودند که شاه تصمیم گرفت شخصاً رسیدگی و موضوع را کشف کند.

یک بار که ایاز عازم خارج شهر بود شاه پنهانی باندیمان از عقب او روان گشته و به درب اطاق مربوطه رسیدند. وقتی ایاز وارد اطاق شد آنها درب را باز کردند و پادشاه داخل اطاق گردید. فقط چوبی دید که لباس کهنه ای به‌آن آویزان بود و ایاز جلوی آن ایستاده بود. شاه با تعجب از ایاز موضوع آمدن و ایستادن در آن اطاق را پرسید. ایاز با کمال فروتنی اظهار داشت من هر هفته به این اطاق می‌آیم که لباس چوپانی خود را که قبل از آمدن به‌دربار داشته ام ببینم و فراموش نکنم که من یک چوپان ساده و فقیر بوده ام و حالا از عنایت و مرحمت سلطان به‌این درجه رسیده ام و همیشه وفادار و فدائی شما باشم و غرور مرا از خدمت باز ندارد.
پادشاه بسیار خوشحال و مسرور گردید و به وزراء و امراء روکرده گفت حالا فهمیدید چرا من ایاز را مقّرب درگاه نموده ام.

۳۵ ـ خرید زمین جهت راه ورود به مقام اعلی

مضمون بیانات حضرت عبدالبهاء راجع به مقام اعلی و گرفتاریهای ساختن آن است:

فرمودند که قائم مقام حیفا به نهایت عداوت منع ساختن عمارت مقام اعلی کرد و گفت این بنیان که در جنوب حیفا است مجهول است و مخالف نظام است و چون دور از شهر است بایستی به موجب نظام به امر سلطان ساخته شود. متصرّف عکا هر چند مؤمن نبود ولی به ما محبّت داشت و سه نفر را برای تفتیش تعیین کرد: امین افندی از احباب، صالح افندی که با ما ارتباط داشت و یکی از اعضاء مجلس در حکومت حیفا. آنها تفتیش کردند و گفتند محظوراتی ندارد. این را جهة متصرف فرستادند و متصرّف عکا جهة قائم مقام حیفا فرستاد ولی قائم مقام رد کرد.

شخصاً نزد قائم مقام رفتم خیلی کوشیدم. گفت من عداوتی ندارم. میترسم که بعد مؤاخذه شوم. گفتم چه محظوری هست؟ گفت من می‌دانم. گفتم چه ضرری دارد؟ گفت من می دانم. از سرای قائم مقام با هم بیرون آمدیم فکر کردم شاید با او به خانه اش بروم و نتیجه ببخشد. رفتم تا به درب خانه اش رسیدیم. دیدم فایده ندارد. نمی‌شود. پای اوّل را روی پلّه اوّل گذاشت. پای دوّم را روی پلّه دوّم گذاشت، پای سوّم را که برداشت روی پلّه سوّم افتاد و مُرد. صدا زدم ″ ای قائم مقام، ای قائم مقام″ خیر، مُرد که مُرد.

بعداً مقام را درست کردیم. ولی از برای مقام راه نداشتیم. راه بسیار بدی بود. راه دیگری خواستیم باز کنیم. هر چه خواستیم صاحب زمین آن را بفروشد قبول نکرد. دشمنان تحریکش می‌کردند. بعد از دو ماه قبول کرد. بعد پشیمان شد. مجددا قبول کرد باز پشیمان شد. دفعه سوّم قبول کرد باز پشیمان شد. گفت درختها را باید پس بدهید قبول کردیم. گفت در مابین سیم بکشید که از زمین من جدا باشد قبول کردیم. حتّی گفتیم دیوار می سازیم. گفت واسطه می خواهیم. صادق پاشا را معرّفی و او قبول کرد. قرار منزل صادق پاشا را گذاشتیم او نیامد صادق پاشا عقبش رفت باز هم نیامد. صادق پاشا تنها برگشت.

من بینهایت محزون شدم آن شب نخوابیدم. شام نخوردم حتّی چای هم نخوردم. با کسی ملاقات نکردم. در تاریکی نشستم دعای حضرت اعلی را می‌خواندم قریب صبح خوابم برد.
قبل از ظهر استاد محمد علی آمد و گفت ترجمان قنسول آلمان با برادرزاده قونسول منتظر شما هستند. به دیدار آنها رفتم. برادرزاده قونسول گفت زمینی هست مال یک زن آلمانی. هر قدر از

این زمین بخواهید حاضر است . آنقدر محزون بودم اینقدر خوشحال شدم . رفتم محضر دیدم به خطّ و امضای قونسول اوراق بیع و شرع بدون شرط حاضر است . به ایشان گفتم از شما هم بایستی بخرم . گفت ما آمده ایم برای خدمت به شما و نیامده ایم به طمع منفعت . ما می خواهیم رفع مشکلات کنیم. گفتم بایستی دیواری هم ساخته شود. رفتند و ساختند و در نهایت سرور و شادی راه مقام اعلی باز شد.

از بمبئی صندوق مرمر با اسم اعظم طلا سفارش دادم. چون رسید نخواستم که در گمرک باز کنند و آنها هم باز نکردند. بعدا مفتّشین آمدند و گفتند مگه تازه ساخته اند . کجاست ناصرالدین شاه که بیاید و ببیند. از شرّ او جسد مبارک پنجاه سال نه قبری داشت و نه زمینی. حالا بیاید و ببیند.

۳۶ ـ النجاة فی الصدق

روزی حضرت عبدالبهاء راجع به فوائد راستگوئی صُحبت می‌فرمودند و ضمن آن حکایت زیررا بیان فرمودند:

روزی مرد وحشت زده ای که در حال فرار از شهر بود به سلیمان نامی که مردی راستگو بود پناه برده و تقاضای کمک و خروج از شهر می کند. سلیمان او را در زنبیل بزرگی گذاشته روی سرش قرار می‌دهد و به‌طرف خارج شهر به راه می افتد. در راه به دشمنان مرد خائف برخورد می کند که جلوی راه او را می گیرند و از او می‌پرسند که شخصی با مشخصات مخصوصِ فراری دیده یا نه. سلیمان در جواب می‌گوید، بلی الساعه این شخص در زنبیل روی سر من است. دشمنان این جواب را شوخی تصّور کرده می‌گویند ای سلیمان حالا وقت شوخی کردن نیست. سلیمان جواب می‌دهد به‌خدا آنچه گفتم صحیح است و او در زنبیل روی سر من است.

دشمنان حرف او را باور نکرده و از او دور می‌شوند، در حالیکه مرد در زنبیل نیمه جان و از ترس بشدّت می‌لرزیده است. بعد از مدتی که از شهر خارج می‌شوند سلیمان به او می گوید حالا می‌توانی با خیال راحت بیرون بیائی چون دشمنانت رفته اند. مرد پس از خروج از سبد می‌گوید به‌خدا ای سلیمان من از ترس داشتم می‌مُردم تو چرا حقیقت را فاش کردی و گفتی که من در سبد روی سر تو هستم؟ سلیمان جواب داد: النجاة فی الصدق. اگر غیر از این گفته بودم حرف مرا باور نمی کردند و هم تو و هم مرا می کشتند.

۳۷ـ تصدیق جمیل افندی

روزی حضرت عبدالبهاء تصدیق جمیل افندی الجّراح را به این طریق بیان فرمودند:

پس از قتلِ چند نفر توسط احباء و محاکمه حضرت بهاءالله، افراد دولتی می‌خواستند که حضرت بهاءالله را از عکا سرگون کنند.

روزی حضرت بهاءالله صبح زود حضرت عبدالبهاء را احضار کرده و می‌فرمایند که تهیه شام مفصلی برای امشب بکن. زیرا عدّه ای از افراد دولت برای شام به‌منزل شما خواهند آمد. بعد از ظهر همان روز عدّه ای از افراد مهّم دولت منجمله جمیل افندی الجّراح از جلوی منزل حضرت عبدالبهاء عبور می‌کردند و با هم شروع به گفتگو می‌نمایند که به منزل عباس افندی برویم و شام را در آنجا باشیم.

بعضی موافق و بعضی ها مخالف بودند، بیشتر از این جهت که مطمئن بودند شامی قبلاً تهیه نشده و این عده بی خبر و دعوت می‌روند. بالاخره اکثریت قبول می‌کنند و جمعاً به‌منزل حضرت عبدالبهاء می‌روند و با کمال تعجّب مشاهده می‌کنند که شام مفصّلی پیش بینی شده و غذای بسیار عالی بدون خبر قبلی تهیه گردیده است که بسیار موجب حیرت آنها می‌شود و این موضوع موجب تصدیق جمیل افندی‌الجّراح می‌گردد.

۳۸ ـ زیارت با ماشین ـ شاهزاده و روضه خوان

حضرت عبدالبهاء روزی فرمودند ما ماشین تهیّه کردیم که احباء با راحتی به‌زیارت بروند ولی اغلب ماشین درشن و ماسه های نرم جادّه فرو می‌رفت. (۱) ما مجبور می‌شدیم که از اشخاص برای بیرون آوردن ماشین از توی ماسه های نرم کمک بگیریم و هر گونه اقدامی لازم بود نمودیم ولی نشد.

بعداً حکایت فرمودند شخصی بود که شهرت داشت روضه خیلی خوب می‌خواند و تعزیه هم خوب در می‌آورد. یکی از شاهزادگان این‌موضوع را شنید و توسط قاصدی پول کافی به اضافه هدایائی جهة او فرستاد و او را دعوت نمود که به قصر شاهزاده بیاید و برای او روضه بخواند. او با رفیقش آمد و بالای منبر رفت و چون آدم بسیار بیسواد و حقّه بازی بود این‌طور شروع کرد که بلاهائی که بر سر سیّدالشهداء وارد شده مثل آن به کسی وارد نشده، مثلش نشد، مثلش نشد، و تا حدود نیمساعت این کلمه را مرتباً تکرار می‌کرد.

شاهزاده فهمید که این مرد چیزی سرش نمی‌شود و متقلّب و حیله گر است. اورا از منبر به پائین کشید و به‌زندان انداخت. پس از چند روز رفیقش پیش شاهزاده رفت و تقاضا کرد که شاهزاده او را ببخشد و از زندان آزاد نماید. شاهزاده در جواب گفت: عجله نکن، امروز نشد بعداً خواهد شد، امروز نشد بعداً خواهد شد، امروز نشد بعداً خواهد شد. بعد، حضرت عبدالبهاء تبسّمی فرمودند و بیان نمودند جاده ساخته خواهد شد زیرا به هرکاری من انگشتم را می گذارم نتیجه خوب آن به زودی ظاهر می‌شود.

۱- در آن روزگار جادّه آسفالته موجود نبوده است.

۳۹ ـ علامت اَبله

دکتر بغدادی می‌نویسد روزی حضرت عبدالبهاء بر حسب مزاح حکایت زیر را بیان فرمودند:

شخصی مشغول خواندن کتابی بود و مشاهده نمود که دو علامت برای اشخاص اَبله و اَحمق مشخّص نموده اند. یکی داشتن سر کوچک و دیگری ریش دراز شبیه ریش بُز. به‌آئینه نگاه کرد و دید هر دو علامت در او صدق می‌کند. با خود گفت سر را که نمی‌توانم بزرگ کنم امّا ریش را می‌توانم کوچک نمایم . سپس ریش خود را جلوی چراغ نفتی گرفت که قسمتی از آن را بسوزاند امّا تمام ریشش سوخت و کوسه شد.

سپس در حاشیه کتاب نوشت که به‌خدا قسم این گفته کتاب صحیح است و به تجربه ثابت شد.

۴۰ ـ صَحرا

روزی حضرت عبدالبهاء به مناسبت آنکه در صَحرا گردش می‌فرمودند به دکتر ضیاء فرمودند: در سفر ایران به بغداد هر کجا که به صَحرا و یا آب می‌رسیدم حضرت بهاءالله دستور می‌فرمودند که پیاده شویم و چای درست کنیم زیرا حضرت بهاءالله صَحرا را خیلی دوست می‌داشتند و می‌فرمودند صَحرا عالم ارواح است و شهرها عالم اجسام .

۴۱ ـ تعصّب

حضرت عبدالبهاء راجع به تَعَصّب صحبت می‌فرمودند و بیان داشتند:
در ادرنه کنسول ایران تُرک و اهل تبریز و بسیار متعصِب بود. بیشتر تعصّب وطنی داشت. مثلاً کسی راجع به چیزی سؤال می‌کرد و می‌پرسید مثل این را در ایران دارید؟ او می‌گفت ما صدهزار آنرا داریم. یا مثلاً می‌پرسیدند شما در ایران مثل ملک عبدالعزیز دارید؟ می‌گفت ما صدهزار داریم . یک‌روز ارتش نظامی عثمانی رژه می‌رفت وکنسول هم آنجا بود. شخصی از او پرسید مثل این ارتش شما دارید؟ جواب داد ما صدهزار داریم . سؤال شد شما شیر برنج خوشمزه مثل ما دارید؟ او جواب داد در ایران ما دریاهای پر از شیر برنج داریم .

یکی از ترک ها سؤال کرد مثل این توپهای سنگین شما دارید؟ او فوراً جواب داد ما صدهزار داریم . ترک سؤال کننده بسیار عصبانی شد و گفت ما در این شهر هزار منحرف داریم آیا شما هم دارید؟ کنسول بلافاصله و بدون فکر جواب داد در شهر ما صد هزار بیغیرت داریم .

۴۲ ـ لباس شرقی

دکتر ضیاء بغدادی حکایت می‌کند روزی حضرت عبدالبهاء فرمودند:
موقعی‌که در اروپا بودیم به‌تمام احباء سفارش نمودم که لباس شرقی بپوشند. ولی تمدن الملک گاهی اوقات بطور سرّی شاپوی فرنگی برسرمی‌گذاشت و خیال می‌کرد که ما مطّلع نیستیم.
یک بار برحسب عادت در اطاق خودم جلو پنجره نشسته بودم. وقتی او می خواست خارج شود (با کلاه شاپو) او را صدا زدم: تمدّن ـ تمدّن.

اغلب در خیابانهای پاریس اوباش فرانسوی ما را به علت لباس شرقی مسخره می‌کردند. روزی در مقابل آنها به مجسّمه مسیح اشاره کردم و به آنها گفتم به لباس او نگاه کنید. آنها گفتند لباس این مجسّمه سنگی است. گفتم اصلش از پارچه بوده. گفتند ما خیاطی نداریم که مثل آن را بدوزد. به آنها جواب دادم ما این خیاط را داریم و این‌گونه مانند حضرت مسیح لباس می پوشیم.

۴۳ ـ غذا خوردن حضرت عبدالبهاء

حضرت عبدالبهاء بسیار کم غذا میل می‌فرمودند. وقتی با مجاورین و زائرین بودند به همه غذا عنایت می‌فرمودند و پس از آنکه همه غذا خوردند ایشان شروع می‌فرمودند. لقمه‌ها را بسیار کوچک برمی‌داشتند. بسیار غذا را در دهان می‌جویدند تا کاملاً نرم شود و خیلی آهسته غذا میل می‌فرمودند که حقیقتاً بوصف در نمی‌آید. اصولاً گوشت زیاد دوست نداشتند. میوه‌جات هم به ندرت میل می‌فرمودند. گاهی یک عدد نارنگی یا لیموشیرین تناول می‌فرمودند. بیشتر اوقات نان و شیر و پنیر و سبزی میل می‌فرمودند. خصوصاً نعنا و ترخان و ریحان را در بین سبزیجات بیشتر دوست داشتند. رویهم رفته خیلی کم غذا بودند و چای را هم داغ می‌نوشیدند و کم خواب هم بودند. ولی آن حضرت قوی بنیه بودند و هر روز مقدار زیادی پیاده روی می‌نمودند.

۴۴ ـ دکتر وان‌دیک

روزی حضرت عبدالبهاء فرمودند: سی وهفت سال پیش به بیروت رفتم و در دانشگاه امریکائی به دیدن دکتر واندیک رفتم و با او راجع به ظهور مجدد حضرت مسیح و علامات آن صحبت نمودم. دکتر گفت علامات آن طبق انجیل یوحنا این‌است که خورشید و ماه تاریک می‌شوند و ستارگان فرو می‌ریزند و بسیار علامات دیگر.

پس کتاب او را باز کردم و آنچه راجع به آسمان و نامتناهی بودن آن ذکر شده بود خواندم و سپس از او راجع به بزرگی خورشید سؤال کردم. او گفت حجم خورشید یک میلیون و چهارهزار بار از زمین بزرگتر است. از او پرسیدم حجم کوچکترین ستاره آسمان چقدر است؟ جواب داد ده هزاربار از زمین بزرگتر است. گفتم بنابراین سقوط ستاره بر این کره خاکی مانند سقوط کوه هیمالیا بردانه یک خشخاش است. گفت این اعتقاد آباء و اجداد ماست و ما باید از آنها پیروی کنیم. به‌او گفتم این‌ها که در کتاب است معانی دیگری دارد و او خجالت کشید.

۴۵ ـ وحی الهی و وسوسه شیطانی

دکتر ضیاء می‌نویسد روزی در خدمت حضرت عبدالبهاء به مسافرخانه رفتند. وقتی وارد مسافرخانه شدند در بین مسافرین یک خانم امریکائی هم بود. این خانم با یک دکتر مشهور آمریکائی ازدواج کرده و صاحب یک پسر و یک دختر هم بودند. وقتی حضرت عبدالبهاء مقابل این خانم رسیدند به دکتر ضیاء امر می‌فرمایند که از این خانم سؤال کند که سرّی در قلبش مکنون کرده چه می‌باشد و آن را بیان کند.

پس از سؤال خانم جواب می‌دهد که من به یک شخص ایرانی که مقیم آمریکا می‌باشد فکر می‌کنم و قلب من تمایل به آن شخص دارد ولی من نمی‌دانم که این میل و توجّه به اراده حق است یا تمایلات شخصی است . حضرت عبدالبهاء می‌فرمایند هر فکر و خیالی که انسان را به ملکوت الله نزدیکتر کند و قلب را متوجه خداوند نماید آن وحی الهی است و هر فکر و خیالی که انسان را از ملکوت الله دور کند و توجه به جای دیگر دهد آن وسوسه‌های شیطانی است. این میزان وحی الهی است .

۴۶ ـ لحاف بهلول

روزی عدّه ای از احباء، منجمله میرزا عزیزالله ورقا و عزیزالله خیاط، با حضور حضرت ولی عزیزامرالله به اشاره و دستورحضرت عبدالبهاء به زیارت باغ رضوان و روضه مبارکه و قصر بهجی با کروسه حضرت عبدالبهاء رفته بودند. پس از زیارت، که ضمن آن حضرت شوقی‌افندی زیارتنامه را باصوتی بسیار ملیح تلاوت می‌فرمایند این جمع را به حیفا دعوت کرده و به حضور حضرت عبدالبهاء مشرف می‌شوند. حضرت عبدالبهاء که در حالت سرور بودند طبق معمول ضمن بیانات مختلفه حکایت زیر را تعریف می‌فرمایند:

بهلول شبی در کوچه منزلش سرو صدای ناله و دعوا می‌شنود. همسرش به بهلول می‌گوید برو ببین چه خبر است . بهلول از جا برخواسته ابتدا سر را با سرپوش عربی مخصوص پوشانده و چون هوا سرد بوده تنها لحافی را که داشتند دور خود پیچیده و خارج می‌شود. در این وقت یک عدّه جوان که مشغول دعوا و مرافعه بودند به طرف او هجوم می‌آورند و لحاف را از تنش کشیده و فرار می‌کنند. بهلول بدون لحاف و سرافکنده به خانه بر می‌گردد و در جواب همسر که علّت سرو صدا را جو یا بود می‌گوید خبر مهّمی نبود. دعوا سر لحاف بهلول بود که گرفتند و بردند.

۴۷ ـ شن و طبقه

حضرت عبدالبهاء حکایت زیر را برای جناب بغدادی تعریف فرمودند:

روزی شخصی با سواد و عالم به‌نام شن با شخص بی‌سوادی همسفر بود. وقتی از شهر خارج شدند مرد عالم از شخص بی سواد پرسید من تو را حمل می‌کنم یا تو مرا حمل می‌کنی؟ شخص بی‌سواد تعجّب می‌کند و می‌گوید ما هردو روی اسب سوار هستیم و این چه سؤالی است که تو می‌کنی؟ پس از مدّتی به مزرعه ای می‌رسند و شن از عرب بی‌سواد می‌پرسد آیا این زارعین تمام آنچه را که زراعت کرده‌اند می‌خورند یا نه؟ مرد عرب بی‌سواد مجدداً از سؤال عالم تعّجب می‌کند. پس از مدّتی به دروازه شهر می‌رسند. جنازه ای را از شهر خارج می‌کردند. شن مجدداً می‌پرسد که این جنازه زنده است یا مرده؟ مرد عرب بی‌سواد بسیار ناراحت می‌شود و می‌گوید من مطمئن هستم که تو دیوانه ای، چطور ممکن است جنازه زنده باشد. بعداً ازهم جدا می‌شوند.

وقتی مرد بی سواد به منزل خودش می‌رسد دختراو، که طبقه نام داشته، از پدرش احوال سفر را می‌پرسد. پدر داستان شن و سؤالات او را بازگو می‌کند. دختر بسیار خوشحال می‌شود و می‌گوید تمام سؤالات این مرد اشاره بوده است و اگر می‌خواهی جواب آنها را یکایک برایت می‌گویم .

سؤال اوّل که پرسیده من تورا حمل کنم یا تو مرا حمل می‌کنی منظور او این بوده که آیا تو با صحبت های خودت مرا مشغول خواهی نمود یا من صحبت کنم و تو را مشغول نمایم. سؤال دوّم منظورش این بوده که آنچه زارعین کشت می‌کنند خودشان همه را مصرف می‌کنند یا قسمتی را می‌فروشند. امّا سؤال سوّم منظور این بوده که آیا این جنازه پسری دارد که بعد از او اسم او را زنده نگهدارد یا خیر.

پس از این گفتگو که دختر به هوش و ذکاوت شن پی میبرد عاشق شن می‌شود و چون دختر هم به هوش و ذکاوت در آن محیط معروف بود بالاخره شن و دختر با هم ازدواج می‌کنند و مثل معروف زبان عرب که می‌گویند شن و طبقه به هم رسیدند منظور همین حکایت بالا می باشد.

۴۸ ـ مواساة

روزی حضرت عبدالبهاء در جمع زائرین در خصوص مقایسه روش بهائی با روش بلشویکها در ایجاد برابری اجتماعی، راجع به مواسات بیاناتی فرمودند و اضافه فرمودند که میرزا علی اکبر نخجوانی در باره تعالیم بهائی مربوط به حل مسائل اقتصادی، منجمله روش انفاق، کتابی تنظیم کرده و نشان داده که روش انفاق درتعالیم بهائی با میل و رغبت و توافق است. در حالی که بلشویکها با زور می‌خواهند برابری ایجاد کنند.

می بایستی اغنیا ثروت خود را انفاق کنند تا به زور از آنها گرفته نشود. عربها و ترکها اگر به آنچه می‌خواهند دست نیابند به حزب توده و کمونیستی رو می‌آورند. مواساتیکه در تعالیم مبارکه ذکر شده معنی آن انفاق به اراده است و احبای ایران به طریق مواسات بهائی عمل می‌کردند.

۴۹ ـ امانت

حضرت عبدالبهاء یک روز حکایت زیررا درباره امانت بیان فرمودند:

شخصی می‌خواست به مکّه برود. مقداری پول و جواهر داشت. آنها را در صندوق گذارد و صندوق را به طور امانت به همسایه خود داد.

وقتی برگشت و آن صندوق را مطالبه کرد همسایه، که تاجر هم بود، انکار کرد و حتّی گفت تو را نمی شناسم و پولی و امانتی نزد من نداری .

شخص مذکور شکایت پیش حاکم بُرد و حالت تأثر و صداقت او موجب گردید که حاکم در کار او دخالت کند. علیهذا تاجر را احضار کرد. تاجر نزد حاکم هم انکار کرد و گفت من اصلاً این شخص را نمی شناسم. حاکم از شاکی پرسید در کجا صندوق را به این مرد داده ای . او گفت زیر یک درخت . در این موقع تاجر همسایه گفت من چنین درختی که او نشان می‌دهد نمی شناسم. حاکم به شاکی دستور داد که برود، زیر همان درخت یک ساعت بماند و سپس برگردد. تاجر همسایه رو به حاکم نمود و گفت من زیاد کار دارم و بایستی بروم و نمی توانم این جا بمانم، زیرا درخت خیلی دور است و این مرد به‌این زودیها برنمی‌گردد. حاکم گفت تو که گفتی درخت را نمی شناسی و فهمید که تاجر همسایه دروغ می‌گوید و دستور داد که فوراً صندوق محتوی پول و جواهر را پس بدهد و او را تأدیب نمود.

۵۰ ـ ایقان کامل

روزی حضرت عبدالبهاء برای زائرین و مجاورین بیاناتی راجع به قدرت فداکاری و ایمان اشخاص در مقابل ثروت و مال و منال دنیا حکایت زیر را تعریف فرمودند:

در زمان جمال مبارک در اسلامبول تاجر کوچکی، به نام محمّد جواد، به تجارت پنبه مشغول بود و آرزوی ثروت و مال داشت. از جمال اقدس ابهی استدعا نمود که غنی و پولدار شود. جمال مبارک به‌او وعده دادند و فرمودند به‌آرزوی خود خواهد رسید. بعد از مدّت کوتاهی بازار پنبه پاریس آتش گرفت و آنچه پنبه در آن متعلّق به تجّار بود سوخت و نابود گردید. بالنتیجه قیمت پنبه یکدفعه ترقی فوق العاده نمود و محمّد جواد که موجودی پنبه داشت منفعت بسیارکرد و کارش بالا گرفت و کم کم از کبار اغنیاء گردید. ولی مولای خودش را فراموش کرد و از همه روگردانید.

پس از مدّتی حضرت بهاءالله یکی از احبّاء را نزد او فرستادند که او را متذکّر سازد که مال دنیا ارزشی ندارد و آنچه مهّم است ایمان و ایقان است. محمّد جواد با ملاقات نماینده جمالمبارک گفت خدای حقیقی طلا است که دراین صندوق من است.

وقتی فرستاده حضرت بهاءالله به عکا مراجعت نمود و جریان‌را به عرض مبارک رسانید جمال مبارک مکدّر شدند و فرمودند همچنان‌که به او دادیم خداوند از او اخذ خواهد کرد. مدّت کمی بعد کم کم اوضاع‌مالی محمّد جواد منقلب گردید و آنچه به دست آورده بود در زمان بسیار کوتاهی همه را از دست داد. سپس به عکا آمد و به حضور مبارک مشرّف شد و اظهار ندامت و توبه نمود. جمال مبارک او را عفو فرمودند، به شرط آنکه به شهر بادکوبه برود و به شغل کتابت الواح و کمک به یاران مفتخر باشد.

محمّد جواد به‌این افتخارنائل شد و تا آخر عمر در مسافرخانه بادکوبه با کمال ایمان و استغنای طبع و فقر ظاهری و ایقان کامل به خدمت مشغول و در نهایت وفاداری به ملکوت ابهی صعود نمود.

۵۱ ـ گناه

روزی حضرت عبدالبهاء بر حسب مزاح فرمودند:

یک شخص کُردی شنید که حضرت بهاءالله فرمودند گناه ما چیست که دنیا بر ضد ما قیام
کرد. آن شخص کُرد می‌گوید قربانت گردم شما بر ضدّ تمام پادشاهان دنیا قیام کرده اید و
بازهم می‌فرمائید که ما چه کرده ایم و گناهمان چیست؟

۵۲ ـ لطیفه ای از حضرت عبدالبهاء

دکتر بغدادی می‌گوید: روزی در خدمت حضرت عبدالبهاء با عدّه ای از مجاورین به زیارت می‌رفتیم. حضرت عبدالبهاء به عنوان مزاح فرمودند خداوند به شماها کمک کند. خداوند به شماها مساعدت نماید. می‌خورید و می‌آشامید و سوار ماشین می‌شوید و راحت می‌خوابید و مرتباً چای می‌نوشید و پرتقال میل می‌کنید. چطور این همه سختی را تحمّل می‌کنید و این مشکلات را طاقت می‌آورید. خداوند به شما مساعدت نماید.

۵۳ - زارع مقروض و باهوش

زارعی پنجهزار تومان بدهکاری داشت و شروع به کاشتن زیره نمود. وقتی محصول زیره حاضر شد آنرا بار الاغ خود کرد که آنرا برای شاه هدیه ببرد. امید داشت که شاه بدهکاری او را بپردازد. اتفاقاً آن روز شاه با لباس مبدّل در بین خلق بود به طوری‌که زارع او را نشناخت. شاه او را با الاغش دید. از او پرسید کجا می‌روی و چه داری؟ او گفت به‌دیدن شاه می‌روم تا باهدیه ای که دارم شاه قرض مرا بدهد. شاه گفت چه قدر قرض داری؟ گفت پنجهزار تومان. شاه گفت اگر به تو حتّی پانصدتومان هم ندهد چه می‌کنی؟ زارع گفت با چهارصدتومان هم می‌سازم. شاه پرسید اگر چهارصدتومان نداد؟ زارع گفت با دویست تومان هم خوشحال هستم. شاه گفت اگر آن‌را هم نداد چه می‌کنی؟ زارع گفت از دست پادشاه پنجاه تومان هم بگیرم خوشحال و راضی هستم . شاه گفت اگر آنرا هم ندهد چه می‌کنی؟ آنوقت زارع یک فحش بدی داد و دور شد.

پس از این گفتگو شاه به قصر خودش مراجعت کرد. وقتی زارع به حضور او مشرُف شد، شاه علّت آمدن او را به دربار سؤال کرد. زارع با راستی عین داستان را گفت. شاه از راستی و شجاعت و حقیقت گوئی او خوشش آمد و بیشتر از آنچه او بدهکار بود به او بخشید و او را مرخص کرد.

وزیر شاه از اصراف شاه ناراحت شد. ولی شاه گفت به هوش و ذکاوت او پول دادم. وزیر تقاضا نمود که دنبال زارع برود و هوش او را آزمایش نماید. اگر نتیجه خوب نبود پول را پس بگیرد و برگردد. شاه قبول نمود. وزیر به دنبال مرد زارع رفت و در بیابان به او رسید و به اوگفت شاه دوست دارد از تو سه سؤال کند که تو جواب بدهی. اگر جواب درست نتوانی بدهی بایستی پول ها را پس بدهی. زارع قبول کرد. وزیر گفت :

سؤال اوّل : وسط زمین کجاست ؟ زارع جواب داد وسط زمین آن جائی است که تو ایستاده ای. اگر قبول نداری می‌توانی اندازه بگیری و مترکنی . سؤال دوّم : تعداد ستارگان چند است؟ زارع گفت به تعداد موهای بدن خَرمَن . اگر قبول نداری بیا و شروع به شمارش کن .
سؤال سوّم : خداوند چگونه بابندگانش صحبت می‌کند؟ زارع گفت فاصله من با خدا زیاد است. تو از اسب پیاده شو تا من سوار شوم و بالاتر بروم و به خدا نزدیکتر شوم تا بگویم خدا چه طور با من صحبت می‌کند. وزیر از اسب پیاده شد و اسب را دراختیار زارع گذاشت. زارع سوار بر اسب شد و بتاخت و فرار کرد. وزیر با خستگی و مرارت با الاغ زارع نزد شاه برگشت و داستان را عیناً حکایت کرد و شاه آنقدر خندید که از تخت به زمین افتاد.

۵۴ ـ بادبزن

روزی حضرت عبدالبهاء جهت مسافرین با تبسّم حکایت فرمودند که :

هوا بسیار گرم بود و من با بادبزن حضرت بهاءالله را باد می‌زدم. در این وقت زنبور بزرگی وارد اطاق شد و در اطراف هیکل مبارک پرواز می‌کرد. من با شدت زنبور را کُشتم و این حرکت طوری بود که بادبزن هم شکست و گفتم ای متصرّف موذی که موجب شکستن بادبزن شده ای . حضرت بهاءالله مشعوفاً فرمودند پدرش را سوزاندی.

۵۵ ـ روش و سلوک کاتولیکها

روزی حضرت عبدالبهاء فرمودند در نیویورک مدیر یکی از رستوران های نیویورک نسبت به ما محبّتی پیدا کرده و در قلبش انجذاب پیدا شده بود. مرتباً التماس می کرد که من به رستوران او بروم و مهمان او باشم. به‌خاطر اصرار زیادی که نمود من قبول کردم. وقتی به رستوران او رفتم دیدم حالتش عوض شده، زیرا کاردینال آنجا رفته و به او با مظلومیت و شیطنت گفته حضرت مسیح را که پسر خدا بوده و ندایش آسمانی است جائز است که رها کنیم و دنبال یک شخص ایرانی برویم؟

حضرت عبدالبهاء فرمودند من از رستوران خارج شدم و به جای دیگری رفتم و سکوت کردم. بعداً به طرف واشنگتن حرکت کردم و پس از آنکه دیانت مسیح را در مجامع یهود اثبات کردم کشیشها از سکوت و ملایمت من سوء استفاده کرده و شروع به جسارت نمودند و اوراق توهین آمیز پخش کردند که خراب کننده دین مسیح می‌آید، از او برحذر باشید.

بعداً فرمودند با وجود همه این‌ها من سکوت کردم و چیزی نگفتم و جواب آنها را ندادم تا وقتی که به دِنور (۱) رفتم و کاردینال فهمید و دنبال من به دنور آمد. ظاهراً برای افتتاح یک کلیسا به دِنور آمده بود. روز افتتاح کلیسا جمعیت بسیار بزرگی جمع شده بود. موقع را متناسب دانستم و سکوت را شکسته و خطاب به آن جمع گفتم :

حضرات این‌جا آمدم. از قرار مسموع نمایش دینی عظیمی در این جا واقع‌شده است. یک نمایشی که مثل و نظیر نداشته است . این نمایش نظیر نمایشی است که حضرت مسیح در اورشلیم کرد و حضرت کاردینال در دِنور نمود. فقط یک فرقی جزئی درمیان است. در آن نمایش الهی آسمانی بر سر مسیح تاجی از خار بود و لکن درا ین نمایش بر سر حضرت کاردینال تاجی مرصّع . در آن نمایش البسه حضرت مسیح پاره پاره بود ولی در این نمایش البسه حضرت کاردینال حریر و زربفت. در آن نمایش کسانی‌که همراه حضرت مسیح بودند همواره در بلایا و مصیبت و دراین نمایش نفوسی‌که با کاردینال هستند در کمال عزّت و افتخار. در آن نمایش جمیع مردم سب و لعن می‌کردند و در این نمایش جمیع نفوس تعریف و توصیف . در آن نمایش خضوع و خشوع و انکسار و تبتّل و ابتهال بود، در این نمایش عظمت و ثروت و اقتدار. آن نمایش بر روی صلیب بود و این نمایش بر روی محراب، در نهایت تزئین. فرق همین قدر بود.

واقعاً مردم چه قدر نادان هستند. تعریف می‌کردند که چه نمایش خوبی بود. گفتم حضرت مسیح جمیع صدمات و رزایا و مصائب و بلایا را می‌کشید و لیل و نهار در توی این بیابانها تنها و بی نوا. خوراکش گیاه، بر سرش خار، چراغش ستاره های آسمان، هر روزی در صحرائی سرگردان. حالا حضرات در نهایت حشمت و عزّت در دیرهای بزرگ که بهترین قصور است کیف می‌کنند و می‌گویند ما شاگردان مسیح هستیم . شاگرد باید متابعت معلّم بکند تا جمیع اطوار و رفتار او مطابق تعالیم استاد باشد. ولی این‌ها اوقاف و دستگاه بسیار دارند و شب و روز غرق در جمیع شهوات می باشند.

کجاست آن انقطاع حضرت مسیح. پس از آن کاردینال مرخص شد و ترک ادعّا و دعوی تا امروز نموده است.

۱- دِنور یکی از شهرهای امریکا است

۵۶ ـ حکایت فکاهی راجع به قیصر روم

روزی حضرت عبدالبهاء فرمودند که یکی از روزنامه های فکاهی فرانسه این حکایت را در روزنامه چاپ کرد:

در یکی از جنگ های فرانسه که بیش از اندازه طول کشیده بود مردم دیدند که بزرگان و سرداران لشگر قادر نیستند که جنگ را خاتمه بدهند. فکر کردند که دست به دامن پیغمبران بشوند شاید با کمک آنها جنگ خاتمه پیدا کند. اوّل حضور حضرت موسی رفتند و گفتند یا کلیم الله دنیا دارد منهدم می‌شود وقت آن رسیده که تو دوباره آنرا به‌دست بگیری. کلیم الله جواب داد مرا عفو کنید زیرا ملّت یهود جزو اقلیت های ملّل دنیا هستند و نمی توانند این کار را انجام بدهند.

بعداً نزد حضرت عیسی رفتند و گفتند تو پسر خدائی. همان طوری‌که قبلاً وعده داده بودی بیا این عالم را از جنگ خلاص کن. ا و هم معذرت خواست و گفت من در سن جوانی هستم و اگر از آسمان پائین بیایم حتماً لباس سربازی بر تن من خواهند نمود و مرا به سربازی خواهند بُرد.

پس ، نزد حضرت محمّد رفتندو گفتند ما شهادت می دهیم که تو با شمشیرت به‌تمام پادشاهان غالب شدی و الآن وقت آن رسیده که عالم را از این جنگ خلاص کنی. حضرت محمّد هم معذرت خواست و فرمود ترک ها از عَرَب ها بدشان می‌آید، علی الخصوص آن سردار ترک، جمال پاشا که همیشه طناب دارش آویزان و آماده کار است.

سرانجام نزد خدا رفتند و گفتند تو خدای عالم هستی و خالق کل بشر. آیا نمی‌خواهی به ما رحم کنی و مارا ازاین جنگ خلاص کنی؟ خدا نیز معذرت خواست و گفت: بله، بلاشک من قادر هستم که فرود آیم و به این جنگ خاتمه بدهم. ولی می‌ترسم که اگر از عرش پائین بیایم قیصر برود بالا و جای مرا بگیرد.

۵۷ ـ توشه اُخری

روزی حضرت عبدالبهاء در بارهٔ لزوم اندوختن توشه اُخری داستان ذیل را بیان فرمودند:

جوانی سیاح به سرزمینی تازه وارد شد و جمعیت را در همهمه و هیجان دید. از پیرمردی که در کنارش بود علّت هیجان را جویا شد. پیرمرد گفت که در مملکتشان رسم است هر ساله پادشاهی انتخاب می‌کنند. طریقهٔ انتخاب آن است که در روز معیّن شاهینی را در هوا رها می‌کنند و در میدان شهر که جمعیت جمع شده اند شاهین به گردش در می‌آید. وقتی فرود آمد و بر سر کسی نشست آن شخص به پادشاهی برگزیده می‌شود.

جوان، بسیار از بخت خود مسرور شد که درست در چنین روزی شاهد وقوع چنین حادثه مهمی گردیده است. شاهین را پرواز دادند. چندی گذشت و شاهین از فراز آسمان شروع به نزول کرد. چندین بار بالای جمعیت چرخ زد و ناگهان بر سر جوان سیاح فرود آمد. فریاد غلغله از جمعیت بلند شد و همگی با شادی فراوان برای تبریک و شادباش به پادشاه برگزیده روی آوردند. جوان از پیرمردی که کنارش بود پرسید: حالا من چه باید بکنم ؟ پیر مرد جواب داد تو پادشاه برگزیده ای و اراده تُست که هر چه می‌خواهی انجام دهی و فرمانروائی کنی .

جوان که دنیا دیده و باکفایت بود با عزمی راسخ به طرح برنامه های مفید برای مردم مشغول شد و پس از شش ماه که به اِجرای خدماتی ارزنده و ساختن مدارس و بیمارستانها و راهها و دیگر تسهیلات عامه توفیق یافته بود، پیرمرد دوست خود را به حضور طلبید. پس از دیدار از پیر مرد پرسید: بگو ببینم بعد از یکسال چه خواهد شد؟ پیر مرد او را به جزیره ای خالی از سکنه بُرد و بدون توضیح خواست به پادشاه جوان بفهماند که این آینده اوست و در اختیار اوست که با آن چه کند.

پادشاه تیز هوش از روز بعد به جمع آوری وسایل لازم برای توسعه و عمران جزیره همّت گماشت تا پس از گذشت دوران پادشاهی آتیه خود را هم تضمین کرده و سر زمینی پربرکت برای دیگران هم آماده کرده باشد. بعد حضرت عبدالبهاء نتیجه گرفتند که بندگان جمال مبارک نیز باید در فکر بهبود جزیره عاقبت باشند که همانا روح ما و زندگی اُخری است.

۵۸ ـ سعید و شیخ کور

بیانات حضرت عبدالبهاء راجع به اعمال میرزا محسن خان سفیر سابق ایران در اسلامبول:

روزی میرزا محسن خان ، شاکر پاشا را برای ناهار دعوت می‌کند ودر تمام‌مدّت صرف غذا می‌خواسته شاکر پاشا را قانع کند که محّب حضرت بهاءالله می‌باشد.

پس از صرف ناهار، شاکر پاشا به حضور حضرت عبدالبهاء مشرف می‌شود و می‌گوید که سفیر در تمام مدتی که من مهمانش بودم به مدح و ثنای شما مشغول بود و مقصودش از جهتی آن بود که به من نشان بدهد که محّب حضرت بهاءالله می‌باشد و از جهة دیگر شاید بتواند از من اقرار بگیرد که من هم محّب هستم . ولی من با او بازی کردم مثل بازی سعید با شیخ کور.

سعید یکی از ندیم های سلطان محمود بود. یکی از عادات سلطان محمود آن بود که وقتی خیلی عصبانی و ناراحت می‌شد فرمان قتل عدّه زیادی را صادر می‌کرد. در این مواقع، وزراء سعید را می‌فرستادند تا به هر وسیله ای شده شاه را خوشحال کند تا از عصبانیت بیرون بیاید.

روزی سلطان شدیداً عصبانی بود. سعید نزد سلطان رفت و شروع به تسلی دادن سلطان کرد. ولی نتیجه ای نگرفت. لذا به سلطان پیشنهاد کرد که با لباس مبدّل از شهر خارج شوند. سلطان قبول کرد. در بیرون شهر باز سعید شروع به تسلی دادن سلطان کرد. لکن سلطان سکوت داشت و از غضب پائین نمی‌آمد. ادامه به راه رفتن کردند تا به قبرستان شهر رسیدند. سعید در عقب سلطان راه می‌آمد. سلطان از خستگی روی یکی از قبرها نشست و سعید مجدداً شروع به گفتن حکایت و دلداری دادن شاه گردید ولی نتیجه ای نداشت .

سپس سعید به سلطان پیشنهاد نمود که از قبرستان خارج شده و به طرف باغهای نزدیک بروند شاید به این وسیله شاه با دیدن درختان و گل و گیاه خوشحال بشود. ولی شاه قبول نکرد. سعید متحّیر بود که به چه وسیله می‌تواند شاه را خوشحال کند. شیخ کوری را دید که روی قبری ایستاده و مشغول خواندن قرآن است. بر حسب اعتقادات و عادات اسلام اگر شخص کوری دعا و مناجات بر سر قبرها بخواند صوا ب دارد، چه قبر زنان و چه قبرمردان.

دراین حال، سعید به سوی شیخ کور روان می‌شود و وقتی به او می‌رسد ضربه ای با دست به‌او می‌زند. شیخ کور با فریاد می‌گوید تو کیستی آیا کوری مرا نمی بینی؟ سعید داد می‌زند و می‌گوید تو کور هستی و مرا ندیدی. شیخ جواب می‌دهد درست است، من مرد کوری هستم، چه طور می‌توانم تو را ببینم؟ سعید می گوید من هم کور هستم و چه طور می‌توانم تو را ببینم. شیخ حرف سعید را باور می‌کند و شروع به معذرت خواهی می‌کند. در تمام این مدت سلطان شاهد این جریانات بوده و به گفتگوی آن ها گوش می داده است.

خلاصه این دو نفر با هم مشغول گفتگو می‌شوند و سعید می‌گوید: ای برادر می‌خواهم رازی را با تو در میان بگذارم. شیخ می‌گوید بگو آن چیست؟ سعید می‌گوید من دویست لیره جمع آوری نموده ام ولی تخصّصی در طلا ندارم و می‌ترسم تا رویم را برگردانم کسی مرا گول بزند وطلاهای مرا برباید. آیا تو می‌توانی فرق طلای خالص و غیر خالص را با لمس دست بفهمی؟ شیخ می‌گوید به من بده تا تشخیص بدهم. سعید از جیبش یک کیسه طلا را در می‌آورد و به شیخ می دهد که لمس کند. شیخ طلاها را لمس می‌کند و می‌شمارد و آن را برداشته و فوری فرار می‌کند و خودش را در پشت یکی از قبرها پنهان می‌کند. فکر می‌کند چون سعید کور است نمی‌تواند او را پیدا کند.

سعید هم شروع به داد زدن می‌کند و می‌گوید ای ظالم، این تمام هستی من بوده که تو رُبودی. کجا رفتی؟ آیا تو از خدا نمی ترسی؟ پس از صبر مختصری، سنگی را به دست می‌گیرد و می‌گوید ای خدای مهربان از تو تقاضا می‌کنم به قوّت و اقتدارت که این سنگ را برروی این دزد کور بی حیثیت و آبرو بیاندازی زیرا او قلب مرا سوزانیده و طلاهای مرا برده. در این لحظه سنگ را بر سر کور می زند ولی کور حرکتی نمی‌کند. سپس سعید سنگ دیگری را برمی‌دارد و می‌گوید ای خدا از تو می‌خواهم که سنگ را به پشت این کور دزد بزنی. سنگ را روی پشت کور پرتاب می‌کند و او را مجروح می‌سازد. ولکن باز هم کور حرکتی نمی‌کند. سعید سنگ سوّم را بر می‌دارد و می‌گوید ای خدا تو دعای مرا شنیدی این سنگ را به قلب این خائن دورو بزن. سنگ را پرتاب می‌کند و سنگ به قلب شیخ می‌خورد.

در این حال کور بلند می‌شود وکیسه طلا را پرتاب می‌کند و می‌گوید این کیسه طلای تو، مرا خلاص کن. زیرا فهمیدم تو کور نیستی و به خدا قسم که تو کور نیستی. سلطان محمود در این حال شروع به خندیدن می‌کند و از غضب خارج می‌شود و با حال خوش به شهر بر می‌گردد.

۵۹ ـ شروط نجات ـ قدرت تدبیر

روزی حضرت عبدالبهاء فرمودند شرط موفقیت سه چیز است: مدیریت و خوب اداره کردن، حسن نیّت و خلوص درکار. بعد، حکایت زیر را تعریف فرمودند.

فرمودند ابو ذلاله شاعری بودکه با تدبیر و عقل موفق گردید و از مرگ حتمی نجات پیدا کرد. او شاعری بود در دربار خلیفه و دائماً خلیفه را مدح می‌نمود و بدین مناسبت خلیفه اسم او را در دفتر ارتش ثبت نمود که صاحب مقرّری ماهیانه بشود.

یکی از عادات او این بود که در اشعارش بیش از اندازه از خودش هم تعریف می‌کرد مثلاً می گفت من شیر جنگل هستم، یا من پهلوانی بی نظیرم.

روزی خلیفه علیه پهلوان خراسان اعلان جنگ کرد، زیرا این پهلوان با افراد خود مزاحم رعایا می‌شد و مرتباً تولید مزاحمت می‌نمود. پس از صدور دستور خلیفه، یکی از افسران خلیفه، به نام نصراب‌ن فرح، ارتشی را جمع کرد و گفت هر کس اسمش در دفتر نظام است بایستی آماده جنگ با پهلوان خراسانی بشود.

ابو ذلاله پیغام داد من شاعرم نه جنگجو. ولی فرمانده ارتش متذکر شد که اسم تو در دفاتر ارتش ضبط است. امّا او می‌خواست به جنگ نرود. فرمانده گفت تو در اشعارت خود را شیرجنگل و ببر درّه ها معرّفی نموده ای و بایستی به جنگ بروی. او گفت این مناصب در شعر است و نه حقیقت. فرمانده قبول ننمود و گفت اگر لباس ارتش نپوشی و به جنگ نیائی تو را به زور خواهیم برد.

شاعر به گریه افتاد ولی افسر دست و پای او را بست که اورا به زور ببرد. شاعر ناچار قبول کرد که به جنگ برود و به طرف محل پهلوان خراسانی حرکت نمودند.

این پهلوان خراسانی رئیس قبیله ای بود که بیست نفر مرد قوی راهزن داشت و آنها اموال مردم را به زور می‌گرفتند و تعدّی بسیار می نمودند. وقتی جنگ شروع شد، پهلوان خراسانی در وسط میدان ظاهر شد و تقاضای جنگ تن به تن کرد.

افسر ارتش یکی از جنگجویان خودش را به وسط میدان می‌فرستد ولی به محض آن‌که نزدیک پهلوان خراسانی می‌شود با یک ضربه کشته می‌شود و به همین ترتیب دومین و سومین و چهارمین و پنجمین نفر کشته می‌شوند.

آن وقت فرماندهٔ ارتش به ابوذلاله فرمان می‌دهد که به وسط میدان برود و فوری حرکت کند. ابوذلاله جواب می‌دهد اگر من بروم همان بلائی که به سر آن پنج نفر آمد به سر من هم خواهد آمد. سپس شروع به گریه می‌کند. ولی افسر ارتش جلاد را صدا می زند و می‌گوید اگر این مرد به طرف جنگ نرفت او را فوراً بکش. شاعر می‌گوید، خوب من می‌روم ولی الساعه خیلی گرسنه هستم. افسر می‌گوید چه می‌خواهی؟ شاعر می‌گوید نان و کباب و پسته و شراب.

افسر فوراً همه چیز را جهة او حاضر می‌کند. ابوذلاله نان و کباب را می پیچد و در جیب خود می‌گذارد. افسر می‌پرسد چرا نمی‌خوری؟ او می‌گوید در میدان جنگ خواهم خورد. افسر می‌گوید میدان جنگ جای غذا خوردن نیست. او جواب می‌دهد عیبی ندارد من در میدان جنگ خواهم خورد. فوراً به طرف میدان جنگ حرکت می‌کند.

وقتی پهلوان خراسانی به طرف او حمله می‌کند شاعر فریاد می‌زند و می‌گوید ای جنگجوی قوی، کمی صبر کن، زیرا من سؤالی از تو دارم. سؤال من این است که تو اگر همه ارتش ما را بکشی چه نتیجه ای برای تو دارد، زیرا خلیفه ارتش دیگری را خواهد فرستاد. اگر ارتش دوّم کشته شود ارتش سوّم خواهد آمد و پرسید آیا نتیجه چه خواهد بود؟ آیا جان تو در خطر نخواهد بود و آیا این بیست نفر همدستان تو کشته نخواهند شد؟

پهلوان گفت ممکن است چنین شود. شاعر گفت بهتر نیست که در همین جا بنشینیم و این نان و کباب و شراب را با پسته بخوریم و با هم صحبت کنیم و همه را هزنها را بر داریم و نزد خلیفه برویم. من هم با تو می‌آیم و جلوی این خونریزی گرفته خواهد شد و خلیفه هم به تو انعام خواهد داد.

پهلوان خراسانی پس از کمی تفکّر قبول می‌کند و پس از اتمام غذا به دربار خلیفه می‌روند و خلیفه خیلی تعجّب می‌کند. افسر ارتش می‌گوید ابوذلاله شاعر بقوّت عقل و تدبیر این جنگجوی قوی را مغلوب کرد و غائله خاتمه پیدا کردو خونریزی به پایان رسید. عقل و تدبیر کار را فیصله داد و پهلوان و شاعر مورد عنایت خلیفه قرار گرفتند.

۶۰ ـ مدیر روزنامه و پیاز

دکتر ضیاء روزی یکی از مدیران روزنامه را جهت ناهار و ملاقات با حضرت عبدالبهاء دعوت می‌کند. مدیر روزنامه در سر ناهار از دکتر ضیاء می‌پرسد فوائد پیاز چیست؟ دکتر ضیاء از روی ادب جوابی نمی‌دهد و نگاه را متوجّه حضرت عبدالبهاء می‌نماید. حضرت عبدالبهاء می‌فرمایند پیاز خیلی خوب است به شرطی که از این غذاهای لذیذی که روی این سفره مانند پلو و گوشت هست موجود نباشد.

مدیر روزنامه می‌گوید عجیب است . من شنیده ام که پیاز خون را رقیق می‌کند و غذا را هضم می‌نماید و اشتها را زیاد می‌کند و چندین خواص دیگر هم دارد.

حضرت عبدالبهاء با تبسّم می‌فرمایند خیلی خوب دفعه دیگر که ما تو را دعوت می‌کنیم برای تو چیزی نمی پزیم و فقط انواع مختلف پیاز مثل پیاز قرمز، پیاز سفید، پیاز خشک، پیاز سبز را سر سفره می آوریم که هم خون را تمیز کند و هم غذا را هضم نماید و هم اشتهای تو را باز کند.

۶۱ ـ حلوا و فلفل

روزی حضرت عبدالبهاء فرمودند:

در قضیه انتقال و نفی از طهران به بغداد پیشامدی اتفاق افتاد که فراموش نشدنی‌است.

در همدان چون هوا خیلی سرد بود کربلائی فضل‌الله که مکّاری ما بود ما را به منزل خودش برد.

شبها چراغ نداشتیم و من از سرما می‌لرزیدم. جمالمبارک یک قطعه بَرَک برای من به مبلغ سه قران خریدند و از آن لباسی تهیه کردند. امّا سرمای همدان طاقت فرسا بود. یک شب قرار شد برای شام حلوا درست کنیم. همراه ما هزار بیشه بود. هزار بیشه صند و قچه ای است که داخل آن وسایل چائی از قبیل استکان و قوری و نعلبکی می‌گذارند. ضمناً کیسه هائی هم درست می‌کردند که این کیسه ها خانه به‌خانه داشت و در آن چای و شکر و نمک و فلفل و سایر ادویه ها بود. آن شب در تاریکی به جای شکر در حلوا فلفل ریخته شد. وقتی آوردند خیلی تند بود. امّا چاره ای نبود. همان را خوردیم و حسابی دهانمان سوخت.

۶۲ ـ چراغهای کهربائیه

وقتی برای اولین دفعه چراغ برق در مقام اعلی کشیده شد حضرت عبدالبهاء فرمودند:

الحمدالله در چنین آستان مقدّس جمع هستیم و به نهایت روح و ریحان می‌باشیم. به جهت روضه مبارکه و مقام اعلی چراغهای کهربائیه سفارش کردیم که از داخل و خارج نورانی باشد. حتّی یک شعبه هم برای مسافرخانه سفارش کردیم. این از الطاف جمالمبارک است روحی لاحباء الفداء. جمیع ملل و دول و طوائف عالم بغض و عداوت با ما داشتند. با وجود این، در این مقام مقدّس و در این چنین مکانی مجتمع و با این روحانیّت و سرور زیارت می‌کنیم مانند آن است که هیچ دشمنی نداریم .امّا چراغهای کهربائی هیچ دخلی به چراغهای گاز و نفت ندارند و خیلی بهتر هستند.

۶۳ ـ کاشی ترسو

روزی حضرت عبدالبهاء بر حسب حکایت و مزاح قصّه زیر را تعریف فرمودند:

شخصی از اهالی کاشان که ترسو بود و ادعای شجاعت می‌کرد، هر شب تفنگ باروتی خود را زیر درخت حیاط قرار داده و نخی به ماشه تفنگ می‌بست و آن سر نخ را به داخل اطاقش می‌برد و به انگشت سبابه خود وصل می‌کرد و منتظر آن بود چنانچه شغال یا روباهی به داخل حیاط بیاید با خیال راحت وبدون ترس آن را شکار کند.

از قضا شبی در خواب دید که روباهی وارد حیاط شده. نخ را کشید و تفنگ به کار افتاد. از وحشت و ترس فریاد مهیبی کشید که ساکنین خانه همگی بیدار شدند و سراسیمه به اطاق او آمدند و علّت فریاد را پرسیدند. او گفت کُشتمش، کُشتمش. گفتند که را کشتی؟ گفت روباه بدجنس را. حاضرین بیرون دویدند و روباهی ندیدند و برگشتند و به او گفتند در خواب روباه را کُشتی؟

۶۴ ـ مراسم عروسی

روزی حضرت عبدالبهاء راجع به مراسم ازدواج ملّت ها و مذاهب مختلفه بیاناتی می‌فرمودند. از آن جمله فرمودند:

در عروسی عرب های بادیه نشین رسم براین بوده که داماد بر روی سنگی بلند می‌ایستاده و در مقابل او عروس هم برروی سنگ دیگری می‌ایستاده و داماد با صدای بلند شروع به صحبت می‌کرده و می‌گفته: من روی این سنگ ایستاده ام و تو هم روی آن سنگ ایستاده‌ای. خداوند هم شاهد و گُواه بزرگی است. به درستی که تو خانم و زن من هستی و من آقا و شوهر تو هستم. به همین طریق، زن هم عین همین جملات را با صدای بلند تکرار می‌کرده و این زن و مرد زوج حقیقی می شدند و نسبت به هم فداکار و با وفا باقی می‌ماندند.

۶۵ ـ خاطرات سفر از ایران به بغداد

روزی حضرت عبدالبهاء از خاطرات سفر ایران به بغداد بیاناتی می‌فرمودند:

در عراق به رود خانه ای رسیدیم و چادر زدیم. در آن طرف یکی از خوانین با خانمش چادر زده بودند و به ما نزدیک بودند. خانم مشغول پختن پلو بود. در این وقت عربی به نزدیکی چادر آنها رسید و با کمال عجز از آنها تقاضا نمود که کمی پلو به او بدهند. خانم به او گفت از اینجا برو و کوفت بخور.

عرب دور شد و در گوشه ای مخفی گردید. وقتی خانم حواسش نبود و نزدیک دیگ پلو هم نبود عرب گرسنه یواشکی آمد و دیگ پلو را که روی آتش بود برداشت و سریعاً فرار کرد و آن طرف نهر رفت و مشغول خوردن پلو شد .

وقتی خانم می بیند دیگ نیست و عرب مشغول خوردن پلو می‌باشد ناراحت می‌شود. در این موقع عرب رو به خانم می‌کند و می‌گوید: حالا خانم من پلو می‌خورم و شما کوفت بخورید. این عرب حرف خود را نصف فارسی و نصف عربی می‌گفت . اگر این خانم کمی از پلو را به عرب گرسنه می‌داد دیگ پلو حفظ می‌شد.

پس از مدتی که عرب تمام پلو را خورد دیگ را هم در رودخانه شست و همراه خودش برد و خانم مرتباً نگاه می‌کرد و با شکم گرسنه لعنت می‌فرستاد.

۶۶ ـ رؤیای حضرت عبدالبهاء

روزی حضرت عبدالبهاء به دکتر ضیاء فرمودند دیشب خواب بدی دیدم. در خواب دیدم که در صحرا هستم و اطراف من صخره های بسیار عظیم و بلند بود و من در مجاورت چشمه آبی بودم. روی من لحاف بسیار سنگینی بود و نمی‌توانستم لحاف را حرکت دهم، به دلیل آنکه لحاف بسیار ضخیم و سنگین بود. بعداً دیدم حیوانات درنده به نزدیکی من می‌آیند، از جمله شغال و خرس و روباه . بعداً فرمودند آنها برای خوردن آب به من نزدیک می‌شدند. کوشش کردم بلند شوم ولی نمی‌توانستم. آن وقت با صدای بلند فریاد زدم یا بهأ الابهی به‌طوری‌که خانه به لرزه افتاد و لحاف از روی من رد شد و بیدار شدم و راحت گردیدم.

۶۷ ـ استعداد فراگرفتن علم

روزی حضرت عبدالبهاء راجع به استعداد فراگرفتن علم و دانش حکایت زیر را بیان فرمودند:

صنعتگر بسیار ماهری جعبه بسیار کوچکی ساخت که قفل آن به‌اندازه یکدانه برنج بود و در داخل آن می‌توانست هفت قطعه نقره که هر کدام به‌اندازه یک دانه خشخاش بود جا بدهد و این صندوق را به‌عنوان تحفه برای حاکم شهر برد.

پس از ورود او به‌منزل حاکم، مرد عالمی وارد شد. حاکم روی خود را از صنعتگربگردانید و با عالم مشغول گفتگو و مذاکره گردید. صنعتگر بسیار ناراحت شد و از منزل حاکم خارج گردید و تصمیم گرفت که تحصیل کند و دانشمند بشود. به‌چند نفری که مراجعه نمود او را به‌عنوان شاگرد قبول ننمودند. تا اینکه شخصی حاضر شد که به او درس بدهد. چون حافظه بسیار ضعیفی داشت شرط تدریس را آن گذاشت که فقط روزی یک جمله به او یاد بدهد.

روز اول به او این جمله را گفت : (شیخ گفت پوست سگ با دباغی طاهر می‌شود) و برای او ده بار تکرار کرد. صنعتگربه منزل رفت و مشغول تمرین گردید و فردا نزد شیخ برگشت. استاد درس دیروز را از او سؤال کرد و او جواب داد:
(سگ گفت پوست شیخ با دباغی پاک نمی‌شود).

۶۸ ـ گرسنگی

حضرت عبدالبهاء راجع به گرسنگی حکایت زیر را بیان فرمودند:

شخصی مدّتی غذا نخورده بود و گرسنه و در حال موت وارد دهی شد. دید که همه افراد غمگین و ناراحت هستند. پرسید چه خبر است. چرا شما همگی غمگین هستید؟ گفتند رئیس ما مریض است و بسیار سخت مریض است. او گفت خوشا به حال شما که این بنده که دکتر هستم اینجا آمده ام. افراد ده بسیار خوشحال شدند. او به اهل ده گفت فعلاً مقداری نان و کره و عسل برای بنده بیاورید که خیلی گرسنه هستم. اهالی این‌ها را برای او آوردند و او پس از تناول به آنها گفت: لحاف برای من بیاورید که استراحت کنم. آوردند و او خوابید. وقتی خواب بود رئیس مرحوم شد و مردم آمدند و او را بیدار کردند و گفتند چرا خوابیده ای؟ رئیس ما مرد. او گفت من چه‌کار می‌توانستم بکنم. اگر شما کره و عسل و نان به‌من نمی‌دادید منِ دکتر هم حالا مرده بودم.

۶۹ ـ صداقت و امانت ـ داستان حاجی صدیق

روزی حضرت عبدالبهاء فرمودند که شخصی بود به نام حاجی صدیق که ۲۵ سال بود ما را
می‌شناخت ولی از ما بدش می‌آمد و با ما دشمن بود. هر وقت ما را می‌دید رویش را برمی‌گرداند
و یا فوراً راهش را عوض می‌کرد ولی شخص با ایمان و درستی بود.

از قضا مردی دو زن داشت و ثروت بسیار زیادی هم داشت. در وصیت نامهٔ خود حاجی صدیق
را وصی و وکیل جمع اموال و املاک خود کرده بود. وی مرحوم شد. پس از فوت او اختلاف
شدیدی بین ورّاث وحاجی صدیق افتاد و کار به قاضی شهر کشید.

حضرت عبدالبهاء فرمودند روزی تصادفاً به دیدن قاضی رفتم. مشاهده کردم حاجی صدیق
بلند شد و با اکراه تمام از اطاق خارج شد. این موضوع باعث تعجب قاضی و حاضرین گردید.
قاضی پرسید که شما در خصوص حاجی صدیق چه نظری دارید؟ به قاضی گفتم حاجی صدیق
مرد بسیار متدین و درستی است و در دین خودش صادق و درستکار است. پس از آن خانمها از
من تقاضای کمک و مساعدت نمودند. من به آنها گفتم بهتر آن است که حاجی صدیق وکیل
شما باشد و کار شما را درست کند. زیرا کسی به درستی و صداقت او نمی‌توانید پیدا کنید، با
توجه به این که او دشمن من هم هست. اگر این کار را نکنید خسارت زیادی به شما وارد
خواهد شد و قاضی اموال شما را خواهد بُرد. ولی حرف مرا گوش ندادند و تاثیری در آنها نکرد.
بالنتیجه پول آنها از بین رفت .

پس از یک سال حاجی صدیق با یکی از خانمها ازدواج نمود و خانم درست شرح احوال را
می‌دهد و به حاجی می‌گوید غیر از عباس افندی تو دوست دیگری به این صداقت نداری. حاجی
با تعجب سؤال می‌کند چطور تو این حرف را می‌گوئی؟ زن به او می‌گوید که موقع اختلاف
افرادی که ادعای دوستی با تو داشتند، مثل مفتی عکا و افراد دیگر، به ظاهر ادعای دوستی
می‌کردند ولی در خفا ما را بر ضد تو تحریک می‌نمودند و فقط عباس افندی به ما گفت که تو را
وکیل کنیم زیرا تو انسان درست و آدم متدیّنی می‌باشی.

حاجی وقتی این مطلب را شنید فوراً نزد حضرت عبدالبهاء رفت و خودش را روی پاهای مبارک
انداخت و عذر گذشته را خواست و طلب عفو نمود و بعداً ایمان آورد و جزٔ یکی از اصحاب شد.

۷۰ ـ فیلسوف شیطان

روزی حضرت عبدالبهاء در نیویورک فرمودند: قنسول ایران آقای توپوکیان مرا به ناهار دعوت نمود. وقتی به منزل ایشان وارد شدم دیدم فیلسوف شیطان صفتی هم جزو مهمان ها هست. به محض ورود من تصمیم داشت مرا ناراحت کند و به وسیله ای موجب عصبانیت من شود. فوراً از من پرسید: خورشید را چه کسی خلق کرده است؟ من با خونسردی گفتم خداوند. او گفت ماه را چه کسی خلق کرده است؟ جواب دادم خداوند. مجدداً پرسید: ستارگان را کی خلق کرده است؟ جواب دادم خداوند. او با حالت تمسخر گفت: خیر ستارگان کوچک را شیطان خلق کرده است. حضرت عبدالبهاء فرمودند خیر. امّا خداوند بعضی از آدمها را به صورت شیطان خلق کرده است. او ساکت شده خجالت کشید و دیگر حرفی نزد.

۷۱ ـ جوان و پیر

روزی حضرت عبدالبهاء فرمودند: جوان بدون ایمان پیر است و پیر با ایمان جوان است. ایمان و ایقان است که پیر را همیشه جوان نگه‌می‌دارد.

۷۲ ـ دیوار بهشت

روزی احباء و مجاورین و مسافرین در عکا جمع بودند و ناهار جهت غذا فرنی داشتند.

حضرت عبدالبهاء به عنوان مزاح حکایت زیر را تعریف فرمودند:

کُردها معمولاً فرنی خیلی دوست دارند وکُردی از شیخ ده پرسید که در قرآن صحبت از انجیر و زیتون و انگور و خرما زیاد هست که حتماً ما در بهشت می‌توانیم از آنها بخوریم . آیا در بهشت فرنی هم می‌توانیم بخوریم و موجود است؟ شیخ جواب داد که البته که هست زیرا چهار دیوار بهشت از فرنی درست شده است.

۷۳ ـ زمین های روضه مبارکه

دکتر ضیاء بغدادی حکایت می‌کند که روزی حضرت عبدالبهاء راجع به خرید قسمتی از زمینهای روضه مبارکه بیاناتی می‌فرمودند و اظهار داشتند: جرجیس جمال مرد پروتستان بسیار متعصّبی بود و به هیچ وجه حاضر به‌فروش زمین نبود و در آنجا زیتون کاری می‌کرد. حتّی به مردم می‌گفت که من عبدالبهاء را غسل تعمید می‌دهم. روزی کتابی راجع به معراج حضرت محمّد به‌دست آورده بود و آنرا می‌خواند. پرسید می‌خواهم بدانم چطور حضرت محمّد به‌آسمان رفته. به او گفتم با همان نردبانی که حضرت مسیح به‌آسمان رفته حضرت محمّد هم از همان استفاده کرد.

خیلی از این جواب ناراحت و عصبانی شد زیرا درموقع این سؤال و جواب با پانزده نفر از دوستانش بود. تا زنده بود زمین را به‌ما نفروخت و پس از مرگش او را در زمین خودش دفن کردند. بالاخره برادرش زمین را به‌ما فروخت. بهائیان به این شرط زمین را خریدند که جسدجرجیس جمال را از آن زمین ببرند و برادرش مجبور شد که نبش قبرکند و او را از آنجا به ناصره برده و دفن کند. این از عدم فروش زمین بود که خداوند قبر او را در آن زمین حرام کرد.

بخش ج

داستانهای اقتباسی
از کتب امری چاپ شده

شماره ۷۴ تا ۸۴

۷۴ ـ فنای محض

جناب میرزا محمود فروغی از اجلّه احبای خراسان و در صف اول مجاهدین حضرت ربّ منان بودند. از هیچ صدمه ای رنجور نمی‌شدند و هیچ حادثه ای نبود که ایشان را بترساند یا از خدمت باز دارد. کمی بعد از صعود حضرت عبدالبهاء بادیه ها پیمود که چشم عنصری را به زیارت آیة الهی در روی زمین قوّت بخشد. مدت یک هفته از لسان مبارک حضرت ولی امرالله جز شرح و بسط تحکیم اساس تشکیلات امریّه کلامی نشنید.

بالاخره روزی رسید که در اطاق پذیرائی، روبروی حضرت ولی امرالله جالس گردید و با اندام جسیم و هیبت و هیمنه شگرفی که داشت در حال دلدادگی و بی خبری دستها را به زانو گذارده وبا صدای بلند و غرّا عرض کرد: قربان در ایّام حضرت عبدالبهاء شفاهی و کتبی به دریافت عنایات مفتخر می گشتیم ولی تا حال از لسان شکرین حضرت ولی امرالله چیزی عنایت نشده است. هیکل مبارک با تبسمی جانانه در نهایت رقّت وملاطفت فرمودند مثلا در باره شما چه عنایتی شده است؟ جناب فروغی با همان صورت مهیمن خود در پاسخ به عرض می‌رساند: به بنده خطاب فرمودند سردار جیش عَرمَرم.

حضرت شوقی ربّانی در نهایت مظلومیّت جواب فرمودند: من یکی از افراد این جیش هستم چه بگویم. از این پاسخ آسمانی جناب فروغی بی‌نهایت متاثر گریده ساکتاً و صامتاً از محضر مبارک مرخص و پیاده به بالای کوه کرمل رفت که به زیارت مقام اعلی مشرّف گردد. در نقطه ای تنها خود را به زمین انداخت و سجده کرد و پوزش طلبید و با چشم اشکبار همی گفت ببخشید نمی‌دانستم حالا شناختم.

ـ جناب فیضی

۷۵ ـ عبدالرحیم بشرویه

عبدالرحیم‌اهل بشرویه خراسان و مسلمان متعصبی بود که از بهائی شدن مردم بسیار ناراحت می‌شد. روزی نزد ملاّی ده رفت و گفت چکار کنم که من در آن دنیا به بهشت بروم . ملاّ جواب داد که اگر یک بهائی را بکشی در آن دنیا یکراست به بهشت خواهی رفت .

او در فکر و جستجو بود که یک پیر مرد ضعیفی که بهائی باشد پیدا کند تا با کشتن او به بهشت برود. پس از مدتی شخصی را پیدا کرد و اوایل شب به درب منزل او رفت. پس از بازشدن درب، صاحبخانه او را بەداخل شدن و شام دعوت نمود و او قبول کرده و به خانه وارد شد. پس از صرف شام و چای، صاحبخانه او را به منزل خواهر ملاّ حسین بشرویه جهت مذاکره دعوت نمود. پس از یک شبانه روز او ایمان آورد و بهائی شد. چنان مشتاق و بی‌قرار بود که تصمیم به زیارت گرفت.

پس از کسب اجازه عازم عکا گردید . وقتی وارد شد که حضرت بهاءالله در قلعه عکا زندانی بودند و ورود به عکا برای بهائیان بسیار مشکل بود. او در بیرون دروازه عکا اول لباسهای خود را شست و تمیز نمود و رو به قلعه عکا مشغول نماز گردید. یک‌دفعه ملاحظه کرد دستی از یکی از پنجره های قلعه عکا به طرف او اشاره می‌کند. مطمئن شد که او را طلبیده اند و از میان نگهبان ها گذشت و بدون مانع داخل قلعه عکا گردید و خود را به اطاق جمال مبارک رسانید. حضرت بهاءالله فرمودند ما چشم نگهبان ها را بستیم تا تو اینجا بیائی. در هنگام مرخص شدن حضرت بهاءالله چند عدد لوح به او عنایت فرمودند که در ایران به صاحبان الواح برساند.

از قضا در بغداد پلیس به او ظنین شد و او متوّجه بود که ممکن است پلیس او را دستگیر کند و چنانچه او را با الواح حضرت بهاءالله ببینند او را خواهند کشت. در ضمن عبور از بازار مناجاتی در دل خواند و بسته الواح را در یک مغازه پرت کرد. چند دقیقه بعد پلیس او را دستگیر و به اداره پلیس برد. پس از سؤالات و بازرسی به علّت غریبه بودن او رها کردند. در بازگشت و عبور از بازار به طرف همان مغازه که صبح الواح را در آن پرت نموده بود رفت. وقتی بازار خلوت شد به آن مغازه نزدیک گردید و دفعةً صاحب مغازه او را صدا زد و با گرمی فراوان الله ابهی گفت. آنوقت فهمید که صاحب مغازه بهائی بوده و او از این همه مغازه در بازار تصادفاً مغازه‌ای را انتخاب کرده که صاحبش بهائی بوده و درنتیجه الواح سالم به دست او رسید و در مراجعت به ایران به صاحبان آنها تحویل داد.

ـ ادیب طاهرزاده

۷۶ ـ استاد اسمعیل عبودیّت

استاد اسمعیل عبودیّت از قهرمانان میدان شهادت و شجاعت بود و از بدایت زندگانی تا آخر حیات به رضای حضرت ذوالجلال مفتخر بود. پس از فائز شدن به شرف ایمان، برای زیارت حضرت عبدالبهاء پای پیاده خود را به شهر بیروت رسانید و به ملاقات آقا محمّد مصطفی بغدادی، که در آن موقع مامور اعزام مسافرین بود، رفت.

آقا محمّد مصطفی از این عاشق شیدا می‌پرسد که آیا اجازه تشرف به محضر انور را دارد یا خیر. استاد اسمعیل به جای جواب دادن می‌پرسد که حضرت عبدالبهاء در کدام طرف دریا تشریف دارند. جناب بغدادی که از حال و اخلاق استاد اسمعیل اطلاعی نداشته با دست خود به طرف ارض اقدس اشاره کرده و نقطه دوردستی را به استاد اسمعیل نشان می‌دهد و می گوید حضرت عبدالبهاء در آنجا تشریف دارند.

استاد اسمعیل شروع به کندن لباس خود می کند تا به خیال خود شنا کنان به آن طرف ساحل برساند. آقا محمّد مصطفی که تا حال چنین شوریدگی ندیده بود با ملاطفت او را قانع می کند و می‌گوید بایستی از حضرت عبدالبهاء اجازه تشرف داشته باشد. آنگاه به فوریت جریان را حضور حضرت عبدالبهاء مرقوم می‌نماید و استاد اسمعیل صبر می کند تا اجازه تشرّف می‌رسد. شرح تشرّفش را بعداً چنین تعریف می کند:

وقتی وارد بیت مبارک شدم مرا به اطاقی راهنمائی کردند و گفتند اینجا بنشین تا حضرت عبدالبهاء از اطاق مجاور تشریف بیاورند. در آن مدّت کوتاهی که منتظر بودم جمیع حوادث ایّام جوانیم به خاطرم آمد زیرا قبل از ایمان آوردن، در دعوا سر یکی از لوطی های شهر قُم را شکسته و خواهر خودم را کتک زده و از اطاق به وسط باغچه پرتاب کرده بودم.

وقتی این خاطرات به نظرم آمد با خود گفتم بهتر است با این سوابق بد چشمم به جمال دوست نیفتد. برگردم و به سوی محل و ماوای خود رهسپار شوم. ناگهان در باز شد و خود را درمقابل و در آغوش مهر و محبُت مولایم یافتم.

استاد اسمعیل دو دفعه افتخار حمل صندوق عرش حضرت اعلی را داشته، یک بار در شهر قُم که صندوق را به دوش گرفته و به منزل برده و نگاهداری نموده و دفعه ثانی موقعی بود که ساختمان مقام اعلی به پایان رسید و حضرت عبدالبهاء اراده فرمودند که صندوق عرش مبارک در مقام اعلی مستقرّ شود. استاد اسمعیل صندوق را حمل و به محل مخصوص رسانید.

- از کتاب تسلیم و رضا

۷۷ ـ نبیل اعظم در زندان مصر

در ایامی که جمال مبارک در ادرنه تشریف داشتند نبیل زرندی را امر فرمودند به مصر برود و آزادی حاجی میرزا حیدر علی و شش نفر دیگر از احباء را که در زندان خدیو مصر بودند به دست آورد و ضمناً به تبلیغ امرالله پردازد. نبیل اعظم به مصر رفت و در آنجا به‌واسطه سعایت و اقدام مفسدانه قنسول ایران به حبس افتاد. این واقعه متقارن شد با سفر جمال مبارک از ادرنه به طرف عکّا و محل این حبس در اسکندریه مشرف به دریا بود.

جمال مبارک و عائله مبارکه با وسایل ناقص آن زمان حرکت کردند تا به اسکندریه رسیدند، که نبیل در آنجا محبوس بود. نبیل در وقتی‌که وارد زندان شده بود خیلی غمگین بود. یک هم زندانی داشت که کشیشی مسیحی بود به نام فارس الخولی. نبیل در زندان باوی دوست شد و مذاکرات امری کرد تا وی به‌طمور پدر آسمانی و رجعت مسیح مؤمن شد.

روزی کشیش برای انجام کاری که داشت بیرون رفت. نبیل دلش گرفته بود و چند ساعتی تنها بود. از پشت پنجره زندان کوچه را تماشا می‌کرد. ناگهان دید کسی از جلو پنجره رد شد که به نظرش آشنا بود. خوب نگاه کرد دید آقا محمدابراهیم ناظر است. آقا محمّدابراهیم کسی بود که در ادرنه ناظر خرج جمال مبارک بود، یعنی مخارج زیر نظر وی اداره می‌شد.

نبیل از دیدن او تعجب کرد و او را صدا زد: آقا محمّدابراهیم، آقا محمّدابراهیم. آقا محمّد متوجه شد و پشت پنجره زندان آمد. نبیل جویای حال شد. آقا محمّدابراهیم گفت جمال مبارک را حکومت حرکت داده و قرار است کشتی را عوض کنند. من با مامورین دولتی آمده ام که احتیاجات بخرم و به کشتی ببرم. این مژده بزرگی بود که نبیل از وجود هیکل اطهر در کشتی مطّلع گردید و نار فراق سراسر وجودش را فرا گرفت. به یاد رؤیائی که چندی پیش دیده بود افتاد که جمال مبارک به او فرموده بودند تا هشتادویک روز دیگر واقعه خوشحال کننده ای برای او پیش خواهد آمد. آن روز درست روز هشتاد و یکم پس از دیدن خواب بود. امّا جلویش میله های زندان بودونمی‌توانست پرواز کند و از حبس بیرون برود و به‌حضور جمال مبارک مشرف شود. ولی با همین خبر ورود جمال اقدس ابهی به‌اسکله اسکندریه، روح جدیدی در نبیل پیدا شد.

از جا برخواست و به رقص و شعر گفتن شروع کرد. چون یکی از عادات و اخلاق نبیل این بود که وقتی خیلی خوشحال یا غمگین بود شعر می‌گفت. در این بین جناب کشیش وارد شد و دید که نبیل طور دیگری است. گفت برادر چه شده چرا اینقدر خوشحالی و اینقدر مسروری؟ نبیل آغوش باز کرد و کشیش را در بغل گرفت و غرق بوسه کرد. او را هم در رقص و پایکوبی شریک کرد. کشیش مرتب می‌پرسید رفیق چی شده است برادر چه اتفاقی افتاده به من بگو. ولی نبیل مرتب شعر می‌خواند و مشغول ذکر الهی بود. بعدا ماجرا را تعریف کرد که به‌امر حکومت، جمال مبارک با اصحاب و همراهان در اسکله هستند و قرار است عکّا بروند. دونفری بالای پشت بام زندان رفتند وازدور کشتی را مشاهده کردند. نبیل از کشیش چاره جوئی خواست. کشیش مزبور او را دلداری داد و گفت گر چه رفتن به کشتی و زیارت جمال مبارک برای ما مقدور نیست ولی تو عریضه بنویس من‌هم می‌نویسم. شاید یکی از دوستان من برای ملاقات من به زندان بیاید و این نامه ها را به او می‌دهیم که به کشتی برساند و به دست گیرنده بدهد.

هردونامه نوشتند. نامه کشیش خیلی مفصّل وبه عربی دارجه بود. منتظر شدند شاید معجزه شود و کسی به دیدن‌آنها بیاید. تصادفا کشیش دوستی داشت ساعت ساز، به نام کنستانتین، که به ملاقات او آمد. نبیل و کشیش بسیار مسرور شدند. کشیش به کنستانتین گفت خداوند تو را فرستاده است که ماموریتی انجام بدهی. این نامه ها را بگیر و لب دریا به کشتی برو و سراغ آقا جان خادم را بگیر و نامه ها را به او بده.

کنستانتین نامه ها را گرفت و عازم ماموریت شد و جناب نبیل و کشیش بالای پشت بام رفتند تا جریان را تماشا کنند. کنستانتین لب دریا نزدیک جائی که کشتی لنگر انداخته بود رسید. سوار قایقی شد و به طرف کشتی حرکت کرد. ناگهان نبیل و کشیش که از روی بام ناظر بودند دیدند کشتی با صدای سوت بسیار قوی به سوی مقصد حرکت کرد. صدای حرکت آن از دور بگوش می‌رسید و قایق به کشتی نرسید. فریاد کشیش بلند شد و زار زار گریست. نبیل هم شادیش به غم تبدیل شد و به گریه افتاد. هر دو چشم به کشتی دوخته بودند که قایق هم به دنبال آن در حرکت بود.

ناگهان پس از چند دقیقه مثل آنکه پیش آمدی شده باشد صدای کشتی قطع شده و متوقف گردید. معلوم شد که نا خدای کشتی متوجه شده که قایقی در عقب او روان است و فکر کرده کاری دارد و کشتی را متوقف نمود. کنستانتین به کشتی رسید و نامه ها را تحویل داد و عبودیت نبیل اعظم را هم ابلاغ کرد.

نامه توسط میرزا آقا جان به حضور مبارک تقدیم شد. امر فرمودند نامه کشیش را به صدای بلند خواندند و در همان آن لوحی خطاب به نبیل زرندی نازل و حضرت عبدالبهاء هم بسته ای محتوی چند دستمال و چند شیشه عطر و مقداری گل خشک برای کنستانتین عنایت فرمودند که مقداری هم به نبیل و کشیش بدهد . کنستانتین پس از اتمام ماموریت مراجعت نمود و فریاد می زد به خدا پدر مسیح را دیدم .

- از کتاب محبوب عالم

۷۸ ـ اقبال سلاطین

گاهی بعضی از دوستان اطراف خراسان برای تجارت یا زیارت احباب به مشهد می‌آمدند. از جمله آن نفوس جناب حاج خلیل الله بیک فارانی بود که هم در بین تمام احباب ایران اشتهار و هم در وطن خویش نزد کل اهالی احترام داشت.

این مرد یکی از سعادتمندان روزگار به شمار می‌آمد چه که در خاندان شرافت و عرفان متولد شده و از پستان ایمان شیر خورده، از صحّت و عزّت و ثروت بهره ور گردیده، از اخلاق حسنه و شیم مرضیه حظّ و افر یافته، در جوانی به اتفّاق پدر به لقای جمالمبارک فائز گشته، به حضور حضرت مولی الوری نیز مشرّف شده، و در دو سفر هم به زیارت طلعت حضرت غصن ممتاز نائل آمده بود.

شبی در مجلسی از ایّام تشرف خود به حضور جمالقدم سخن می‌گفت که یک بار جمال مبارک به ابوی فرمودند که ما امروز به بازدید شما می‌آئیم. هنگام عصر با چند نفر از اصحاب به منزل ما نزول اجلال فرمودند و بنده و ابوی را غرق دریای عنایت کردند. پس از آنکه برای مراجعت حرکت نمودند ما هیکل انور را مشایعت نمودیم. در بیرون اشاره فرمودند که دیگر پیشتر نرویم و خود با همراهان تشریف بردند. این عبد از پشت سر، چشم به قامت برازنده و مشی موزون و تاج وهّاج ایشان دوخته بودم تا وقتی که در خم کوچه از نظر غایب شدند.

آنگاه والهانه به خود گفتم چه می‌شد اگر سلاطین عالم جمالقدم را می‌شناختند و به خدمت قیام می‌کردند تا امروز احبّایش عزّت می یافتند.

روز بعد که مشرّف شدیم رو به من آورده با بیانی که جهانی لطف و ملاحت در برداشت فرمودند: "اگر شاهان دنیا اقبال می‌کردند وامراء و وزراء مؤمن می‌شدند دیگر شما چگونه به این درگاه راه پیدا می‌کردید و کجا مجال تشرف به‌دست می‌آوردید و کجا فرصت استماع خطاب رب الارباب می یافتید؟ بلی سلاطین هم ایمان خواهند آورد و امر الهی به ظاهرِ ظاهر عزیز خواهند شد، امّا وقتی‌که ضعفای ارض گوی سبقت را از میدان ربوده باشند."

- عزیزا لله سلیمانی

۷۹ ـ داستانی از حیات خال اکبر جناب حاج میرزا سیّد محمّد

این داستان مربوط به زمانی است که جناب حاج میرزا سیّد محمّد خال اکبر در شیراز در منزل شخصی خود، که نزدیک به شاه چراغ و مسجد نو واقع شده، ساکن بودند و نمودار قلب پاک و ساده و نیّت خیر ایشان میباشد.

رسم جناب خال چنین بود که شبها را به دعا و نماز و خواندنِ اذکار معموله اختصاص داده و پس از فراغت از عبادت بلافاصله به فراش رفته و استراحت می‌کردند. حتّی شب غذا میل ننموده شام خودرا برای صبح روز بعد می‌گذاشتند.

شبی از شبها دزدی به خانه و اطاق ایشان وارود و به گمان این که جناب خال خوابیده اند مشغول به جمع آوری اشیاء مختلفه می‌شود. پس از جمع کردن اسبابها قبل از این‌که از اطاق خارج شود جناب خال، که بیدار بودند، به او می‌گویند: برادر معلوم می‌شود که آدم فقیر و محتاجی هستی و گرنه این وقت شب اینجا نمی‌آمدی. من به تو کاری ندارم. واهمه و ترس نداشته باش. در ضمن حتما گرسنه هستی. آشپز خانه ما درست پائین حیاط است. پلو و خورشت بردار و به منزلت ببر و با خانواده ات نوش جان کن. در موقع رفتن هم درب خانه را ببند و به سلامت برو.

دزد اوّل وحشت کرده و متعجّب می‌شود و می‌گوید: سیّد بخواب و حرف نزن! ولی بعد به ایشان اعتماد می‌کند و طبق دستورشان به آشپزخانه رفته و به همراه اشیاء قیمتی، خوراک را نیز با خودش می برد.

وقتی به خانه می‌رسد جریان ما وَقَع را برای زنش تعریف می‌کند. همسر او از رأفت قلب و انسانیت سیّد نورانی به خود آمده و به شوهرش شدیداً اعتراض می‌کند که چرا به منزل سیّد آل محمّد رفتی و اموال او را دزدیدی. حال که چنین شده من به تو حلال نیستم. یا فورا اشیاء را پس می‌بری و حلالیت می‌طلبی یا من به منزل پدرم می روم و دیگر مرا نخواهی دید.

دزد که خودش هم از جوانمردی جناب خال شرمنده شده بود حرف زنش را قبول کرده و صبح زود اسبابها را به منزل حاج میرزا سیّد محمّد می‌برد. دزد می بیند همان طور که خودش درب خانه را بسته بود درب کمی نیمه باز است. بنابراین وارد خانه می‌شود و آن سیّد مقدس را در حال وضو گرفتن می بیند. جلو رفته و جریان صحبت های زنش را گفته حلالیت می‌طلبد.

جناب خال او را نوازش فرموده و با محبّت بی منتهی می‌گویند فرزند عزیز من احساس می‌کنم که تو آدم خوب و درستی هستی. فقط نداری و احتیاج تو را به این کار زشت واداشته است. اگر دیگر به این اعمال قبیح دست نزنی من به تو کاری می‌دهم که زندگی خود و خانواده ات را اداره کنی.

دزد که اسمش "ماند علی" بود بسیار تحت تاثیر این بیانات واقع می‌شود و قول می‌دهد که به کّلی روش گذشته خود را ترک نماید. سپس جناب خال او و خانواده اش را در خانه کوچکی که جنب منزلشان بوده جا داده و وسائل زندگی به‌آنها می‌دهد و خود ماند علی را در حجره تجارتی خود در سرای گمرک شیراز به کار می‌گمارد.

ماند علی، دزدِ خوش طالع، در اثر معاشرت با خالوی مقدّس و سایر افراد فامیل ایشان باامر بدیع آشنا شده و مؤمن می‌گردد. پس از چندی به همراهی حاج میرزا بزرگ، فرزند کوچک خال، به زیارت مکّه معظّمه رفت. از همه مهم‌تر این‌که در همان سفر به عکّا و به حضور سلطان جلال حضرت بهاءالله نیز بار یافته و مشام دل و جان را عنبرین می‌سازد و حتّی لوحی از یراعه فضل جمالقدم جلّ جلاله به افتخارش نازل می‌شود که مزیّن به مهر مبارک "بهاءالله" بوده است.

این‌جاست که مصداق بیان مبارک حضرت بهاءالله تحقّق می‌یابد که "اگر نفسی از اول لا اول از جمیع اعمال حسنه محروم مانده باشد الیوم تدارک آن ممکن است، چه که دریای غفران در امکان ظاهر و آسمان بخشش مرتفع".

۸۰ ـ داستان حمّام

در ایّامی که حضرت عبدالبهاء در حیفا تشریف داشتند حمّام نظیف و خوب در حیفا نبود و همیشه احبّاء و مجاورین در فکر بودند که به هر وسیله شده حمّامی برای حضرت عبدالبهاء بسازند تا این‌که استاد آقا بالای معمار قفقازی مشرّف شد.

جناب دکتر یونس خان و حضرت حاج میرزا حیدرعلی با هم تشریک مساعی می‌کنند و با هم قرار می‌گذارند که جناب استاد آقا بالا معمار رجاء و استدعا کند یک دستگاه حمّام در بیت مبارک بنا نمایند. لهذا عریضه عرض نموده و این توفیق را تمنّی می نماید. چون این شخص از مخلصین مؤمنین بود حاجتش برآورده و نذرش قبول می‌گردد.

آقا بالا معمار فورا مصالحی آماده کرده و در زیر پله های بیرونی مشغول بنّائی گردید. مکتوبی به احبّای بیروت نوشت که یک دستگاه حمّام فلزی بالوازم ابتیاع نموده فوری بفرستند. سه روز از این مقدُمه گذشت و بنائی تازه شروع شده بود. شبی که همگی احباب مشرّف بودند یک مرتبه حضرت عبدالبهاء فرمودند: جناب استاد آقا بالا حمام تمام شد؟ استاد آقا بالا مضطربانه عرض کرد خیر قربان، مشغولم و از بیروت هم جواب نرسیده . باز فرمودند پس کی تمام می شود؟

استاد آقا بالا نمی‌دانست چه جواب بدهد که ناگهان حضرت عبدالبهاء با تبسّم فرمودند حکایت من و شما حکایت آن عربی است که سه سال سرش بی کلاه بود و در کوچه و بازار در معرض گرما و سرما و بوران و باران سربرهنه می‌گشت. یک شخص کریمی پیدا شد. بر او رحم آورد و خواست عمّامه برای او تدارک کند. عرب را نزد بزّاز برد و برای عَمّامه پارچه سفارش داد. به مجّرد آنکه بزّاز سرتوپ چلوار را باز کرد، تا ذرع و اندازه کند، عربِ سربرهنه فورا یک سر پارچه را گرفت و هنوز نبریده معجّلاً دور سر خود پیچید. بزّاز گفت صبر کن ذرع و اندازه کنم. عرب گفت تا کی صبر کنم سرم می‌چاد و سرما می‌خورم.

- دکتر یونس افروخته

۸۱ ـ فداکاری

یک دختر خانم ایرانی که والدینش از مهاجرین نازنین آلمان بودند و او در شهر اشتوتکارت زندگی می‌کرده و به تحصیل مشغول بوده روزی هنگام پیاده شدن از تراموا، بدبختانه هردوپایش زیر چرخ تراموا می‌رود و پای چپ از ساق شکسته و پنجه های پای راست تماما له می‌شود. در بیمارستان، که ایادی عزیز امرالله جناب مولشلگل و خانمشان نیز حضور داشته‌اند، رای جرّاحان بر آن قرار می‌گیرد که پنجه پا قطع شود.

خانم و آقای مولشلگل آنان ر اااز این عمل ممانعت می نمایند و اصرار در معالجه می‌کنند. جرّاحان می‌گویند بر فرض محال اگر کسی حاضر شود پای بیمار را به بدن خود اتصّال دهد و از خون خویش احتیاج انساج و الیاف له شده را تغذیه نماید، احتمال بهبودی کمی موجود است. در برابر دیدگان حیرت زده همگی، خانم مولشلگل آمادگی خود را برای این عمل اعلان می نماید. بدین ترتیب پای بیمار برای مدت چهار روز به بدن آن خانم فداکار وصل می‌شود و ایشان آن درد جانگداز را به‌کمال متانت و صبر تحمّل می نمایند و حیات خود را برای نجات یکی از همنوعان به مهلکه می‌اندازند. بر اثر این جانفشانی که یک خانم بهائی آلمانی برای دختر بهائی زاده ایرانی می‌نماید پای دختر از خطر رهائی می یابد.

جناب فروتن ایادی عزیز امرالله می‌فرمایند که برای عیادت بیمار که پایش از بند آزاد شده بود به بیمارستان رفتم و این داستان را از خود بیمار شنیدم. در همان اوقات به ملاقات آن خانم فداکار و مهربان شتافتم و آنچه شنیده بودم برأی العین دیدم و مجذوب و مسحور خلوص نیّت و انقطاع آن بهائی حقیقی گردیدم . چند سال بعد، از حسن اتفّاق در یکی از بلاد آلمان با آن دختر خانم، که اکنون خانمی تحصیل کرده و خانه دار بود، ملاقات کردم و معلوم شد که فقط یک انگشت از بین رفته و پا الحمدالله صحیح و سالم بر جای مانده است .

- جناب فروتن

۸۲ ـ حاجی محمّد تقی نیریزی

حاج محمّد تقی نیریزی یکی از تجّار پولدار و ثروتمند نیریز بود که به ایمان موفّق و مؤیّد گردید. بیشتر دارائی خود را در راه پیشرفت امر خرج می‌نمود. با اصحاب قلعه شیخ طبرسی هم داستان گردید و به قلعه رفت. یکی دیگراز اصحاب قلعه آقا سیّد جعفر بود.

پس از آن که اصحاب قلعه را ترک کردند، حاجی زین العابدین خان، حاکم نی ریز، از صاحب منصب اردو تقاضا می‌کند که حاجی محمّد تقی و آقا سیّد جعفر ر اتحویل او بدهند. زیرا عمده مخارج قلعه را حاجی محمّد تقی متحمّل شده بود. حاکم می‌گوید می‌خواهم این دو نفر را به نحو شایسته و دلخواه مجازات نموده و به قتل برسانم، زیرا خون این چهارصد نفر بر گردن این دو نفر بود که یکی عالم بود و با علمش مردم را گمراه نمود و دیگری با مال و ثروتش افراد را از راه بدر کرد. صاحب منصب هم هر دورا به حاکم نی ریز تحویل می‌دهد و حاکم آن‌ها را دُچار حبس و زجر و زنجیر نمود.

در همین احوال نیریز دچار قحطی شد. حاکم انباری پر از ذرّت داشت و امر نمود به خانواده ها هر کدام یک من ذرّت بدهند، به شرطی‌که نماینده هر خانواده به صورت حاج محمّد تقی و آقا سیّد جعفر یک تُف بیندازد.

پس از این واقعه، زین العابدین خان حاکم دستور می‌دهد هر روز صبح فراشها این دو نفر را به خانه اهالی نیریز ببرند و آنقدر چوب بزنند تا صاحب خانه پولی به اندازه استطاعت خود بدهد و آن ها را از شکنجه و چوب زدن آزاد کند. وقتی پاهای هردو نفر متوّرم و مجروح شد، بایستی حمالی بیاید و آنها را به دوش گرفته و به زندان عودت دهد.

در باره حاج محمّد تقی حکم کرده بود که هر روز صبح او را از زندان بیرون آورده و در حوض بزرگ جلوی دیوانخانه بیندازند و چند نفر فراش در اطراف حوض حاضر باشند تا به محض آن که حاجی سر از آب بیرون می‌آورد، با چوب و ترکه برسر ایشان بزنند تا حوض از خون رنگین شود. در اثر این شکنجه ها سر ایشان طوری مجروح شده بود که چشم ها اصلاً از دیدن عاجز مانده بود.

مدت نُه ماه این جریان ادامه داشت تا این‌که شبی عیال حاکم خواب می بیند که چند نفر زن سیاه پوش از آسمان نزول کرده و می‌گفتند: وای بر زین العابدین که با اولاد رسول چنین رفتار می‌کند. زن وحشت زده بیدار می‌شود و خان را هم بیدار می‌کند و رؤیای خود را تعریف می نماید.

خان‌باور نمی‌کند و می‌گوید خواب و خیال است و حقیقت ندارد. بایستی این ها به همین طریق به پای مرگ برسند. امّا عیال خان قانع نمی‌شود و روز بعد به دنبال کدخدای نی ریز می‌فرستد و به او دستور می‌دهد که سه ساعت از شب گذشته در محلی بیرون دروازه با چند رأس الاغ حاضر باشد و موضوع را از حاکم پنهان نگهدارد. سپس به دنبال عیال سید جعفر می‌فرستد و به او می‌گوید بیرون دروازه برود و منتظر آقا سیّد جعفر بشود. ضمناً دو نفر حمّال به زندان می‌فرستد تا سیّد جعفر و حاجی محمّد تقی را بر پشت گرفته و شبانه به بیرون دروازه برده تحویل کدخدا و عیال سیّد جعفر بدهند. قرار شده بود که مسافت بین نیریز و هرات را که حدود صد کیلومتر بود شبانه طی کرده هر دو را تحویل خوانین ملاک آنجا بدهند.

وقتی به ده نموری می‌رسند کدخدای ده حال این دو نفر را در وضع خرابی می بینند. حالت رقتی به او دست می‌دهد و تصمیم می‌گیرد آنها را نگهداری و پذیرائی کند. هر قدر مکّاریان اصرار می‌کنند قبول نمی‌کند و می‌گوید هر خطری پیش آمد من مسوؤل هستم.

صبح روز بعد زین العابدین به عادت هر روز در ایوان خانه نشسته و می‌گوید حاجی محمّد تقی را بیاورید و در حوض بیندازید. فرّاشها قضیه را تعریف می‌کنند. از شنیدن این خبر بر بغض و خشم او افزوده می‌شود و حکم می‌کند سواری بنهایت سرعت برود تا قبل از رسیدن به هرات آنها را دستگیر نمایند.

چون سوار به نموری می‌رسد کدخدای نموری پنج تومان به او می‌دهد و جریان فرار توسّط زن حاکم را می‌گوید. سوار بر می‌گردد و به خان می‌گوید که حضرات از حدود نیریز گذشته و به هرات رسیده اند. از طرف دیگر کدخدا هم فوراً مسافرین را روانه هرات می‌کند و دستور می دهد آنها را تحویل خوانین هرات داده، رسید گرفته و برگردند. خوانین کمال محبّت را در باره آنها انجام می‌دهند و خانه و مستخدم در اختیار آنها می‌گذارند و از هر رقم ما یحتاج زندگی برای آنها فراهم کرده و جرّاح مخصوصی می‌آورند تا زخم ها و چشم های آنها را مرحم گذارده و معالجه کنند.

پس از چند ماه که زخم ها التیام پیدا می کنند آنها تصمیم به مراجعت نیریز می گیرند ولی اهالی مانع می‌شوند و می گویند ما احتیاج به آخوند و مجتهدی داریم . در نتیجه آقا سیّد جعفر حدود پنج سال در هرات می‌ماند و حاج محمّد تقی به عزم تشرف حضور جمال اقدس ابهی روانه دارالسلام می‌شود ولی در بین راه مشغول تبلیغ می گردد و این‌دفعه مردم آن قدراو را کتک می‌زنند که بی حال و بی جان، در خارج شهر، در کنار جوی آبی خوابش می‌برد.

در خواب حضرت بهاءالله را زیارت می کند. (تا آن تاریخ حضرت بهاءالله را زیارت نکرده بود). خود را به پای مبارک می‌اندازد و حضرت بهاءالله در خواب به او می‌فرمایند ما تو را حفظ کردیم که زنده نزد ما بیائی. او جواب می‌دهد نه پول دارم و نه حال و قدرت حرکت. به او می‌فرمایند توکل که داری؟ می‌گوید: بله، دارم. بعداً بیدار میشود و با تعجب مشاهده میکند کاروانی در اطراف اوست که عازم کربلا هستند. می بیند یک نفر از چادری خارج شده و به طرف او می‌آید و می‌گوید: با من بیا. حاجی همراه او می‌رود و وارد چادر شده و مردِ خوش سیمائی ر ادر چادر مشاهده می کند که با احترام به او می‌گوید: دیشب امام حسین را در خواب دیدم و تو را به من نشان داد و گفت که تا کربلا تو مهمان من باشی. اسب و وسائل به او می‌دهد و حاجی در معّیت کاروان حرکت می‌کند و مورد احترام و پذیرائی قرار می‌گیرد، بدون آن که حتی جویای نام و نشان او شوند و در کمال راحتی به بغداد می‌رسند.

حاجی در بغداد جدا شده و به مهماندار خود می‌گوید کسی که به خواب شما آمد به خواب من هم آمده بود و گفته بود که به بغداد بروم . ناگهان مهماندار با کمال بشاشت جواب می‌دهد کسی که به خواب من‌هم آمده بود گفته بود که تو را تا بغداد همراهی کنم. پس از این جریان حاجی به زیارت حضرت بهاءالله نائل می‌شود و درست همان کسی را که در خواب دیده بود زیارت می‌کند و مورد عنایت حضرت بهاءالله قرار می‌گیرد.

ـ از خاطرات مالمیری

۸۳ ـ حکایت شَرَق

وقتی از اوقات که فتنه و فساد ناقضین شدید بود و از هر طرف تحریکات می نمودند کلیه احبّاء و طائفین ناراحت و غمزده، در نهایت سکون، در ارض اقدس بودند و کمتر اظهاری می کردند. بیشتر جلسات با آرامش مخصوصی به پایان می‌رسید.

یک بار، پس از چند روز آقا رضای قنّاد که یکی از پیرمردان کار آزموده و از اسرا و مهاجرین بود، غفلتاً سّد سکوت را شکست و جسورانه و بی پروا به حضور حضرت عبدالبهاء عرض کرد قربان ما دیگر بیش از این طاقت نداریم صبر تا چند؟ دریای غضب الهی چرا به جوش نمی‌آید و سرکار آقا چرا تا این درجه صبر و تحمّل می‌فرمایند؟

در این حال سرکارآقا با کمال سکون و وقار، تمام عرایض را استماع فرمودند و با یک نگاه مستانه و تبسّم جانانه فرمودند: بلی صهبای بلا در سبیل جمال اقدس ابهی باید رنگارنگ باشد تا نشئه کامل ببخشد. یک نوع بلا و یک نوع ابتلاء کیفیّتی ندارد و دیگر سکری نمی بخشد. باده های گوناگون در این بزم الهی باید چشید تا کاملاً سرمست شد. این بیانات را با یک حالت سرور و جذبه و شوری می‌فرمودند که ذرّات وجود مستمعین به وجد و سرور و طرب می‌آمد.

بعد فرمودند: در مجلس باده خوران برای آنکه مستی کامل اخذ کنند و بکلی از خود بی‌خود شوند، مشروبات رنگارنگ می‌خورند، مثلاً یک دور شراب می‌خورند، یک دور عرق‌می‌خورند، یک دور کُنیاک و یک دور ویسکی می‌خورند و یک دور شامپانی، تا بکلّی مست شوند و لایعقل گردند. ما هم صهبای بلا را رنگارنگ می‌نوشیم.

در این وقت، یک‌مرتبه صورت را به طرف دکتر یونس خان برگردانیده و فرمودند: جناب خان این‌طور نیست؟ آقای دکتر یونس خان هم، به قول ایرانی ها، از رو نرفته، نامردی نکرده، موهبت حاضر جوابی را از دست نداده و فوراً عرض می‌کند بلی قربان همین‌طور است و یک چیز دیگر هم می‌خورند. حضرت عبدالبهاء پرسیدند آن دیگر کدام است؟ دکتر عرض می‌کند شراب را با عرق مخلوط می‌کنند و می‌گویند شَرَق می‌خوریم. یک مرتبه خنده مبارک بلند می‌شود، چشمهای اشکبار به عالم بالا متوجّه و با حالت تبسّم می‌فرمایند: ما هم به قول خان شَرَق می‌خوریم، شَرَق می‌خوریم.

آن شب تا پاسی از شب بشارتهای روح پرور برای آینده امر جمال اقدس ابهی و عزّت مؤمنین و ذلّت ناقضین می‌فرمایند و این نمونه ای از بیانات شیرین مبارک در هنگام نوشیدن شربت های بلا بود.

ـ دکتر یونس افروخته

۸۴ ـ ریاضت شش ساله

یکی از اطبّای عکّا که بی‌نهایت نسبت به امر مبارک دشمنی داشت زمانی مورد احتیاج قرار گرفت. خدمات مرجوعه را در نهایت اشتیاق انجام داد. حتّی روزی دو الی سه دفعه در بستر مریض حاضر شد و به‌کمال دقت رسیدگی نمود. امّا صورت حسابی که در آخر تقدیم نمود به‌قدری گزاف و خارج از حدّ تصوّر بود که باعث حیرت حضرت عبدالبهاء قرار گرفت. فرمودند از قیافه می‌توان آثار بغض و عناد را مشاهده نمود. معلوم بود که چه اندازه این دکتر کینه مذهبی دارد. امّا وقتی مریضی مراجعه کرد چنان با حُسن خُلق مواظبت نمود که مرا متحیّر ساخت . با خود گفتم من او را می شناسم که چه اندازه مبغض است تا وقتی‌که کارش تمام شد و صورت حساب فرستاد دیدم ده برابر بیش از آنچه خدمت نموده اُجرت خواسته است. من هم فوراً پرداختم و مشعوفم از این‌که او را خوب شناختم.

بعداً حکایت زیر را بیان فرمودند:
شیخی برای تحصیل علم قیافه شناسی از وطن خود هجرت نمود و مدّت شش سال در مصر اقامت کرد. علم قیافه شناسی آموخت و بعد از شش سال زحمت و مشقّت و زندگانی در غربت، امتحانات علمی و عملی خود را داد و تصدیقات لازمه را گرفت و قاطر خود را سوار شد و با کمال شعف و سرور به سمت وطن خود رهسپار گردید.

در بین راه هر کس را می‌دید با دقت در قیافه اش مطالعه می‌کرد و در مقام تمرین بر می‌آمد. یک روز از دور در بین راه کسی را مشاهده نمود که آثار بخل و حسد و حرص و طمع و لئامت از چهره اش پدیدار بود. با خود گفت: این چه قیافه غریبی است که من هرگز ندیده و نشناخته ام . کاش با او آشنا می‌شدم و مراتب معلومات خود را امتحان می کردم .

در این خیال بود که نا گاه مرد ناشناس با قیافه متبسّم و بشاش نزدیک شد. سلام کرد و زمام قاطر را گرفت و گفت: جناب شیخ از کجا می‌آئید و به کجا تشریف می‌برید؟ شیخ گفت از مصر می‌آیم و به فلان شهر می‌روم . نا شناس گفت: ای آقا، آن جا دور است و وقت دیر و بنده منزل نزدیک . خوب است امشب قدم رنجه فرمائید و ما را سرافراز کنید و با حضور خود ما را قرین فخر و مباهات فرمائید.

شیخ دید رفتار و گفتار ناشناس مخالفت با قیافه او دارد. کمی در مقامات علمی خود تردید حاصل کرد و برای امتحان معلومات خود این دعوت را اجابت کرد. به خانه ناشناس وارد شد. میزبان با کمال سرور لوازم پذیرائی را از هر جهت تدارک کرد. چای، شیرینی ، قهوه ، شربت و قلیان مهیّا کرد. با اصرار میهمان خود را مرزوق ساخت و هر دم که میزبان اظهار محبّت می نمود، شیخ آهی می‌کشید و در دل می‌گفت: شش سال زحمت بی‌جا کشیدم و علمی حاصل کردم که بطلانش مسلّم شد. وقتی سفره شام را دید با خود گفت چه اشتباهی کردم . مرد کریم را از لئیم تمیز ندادم. خلاصه شام خورده و نخورده با حال افسرده شب ر ابسر برد.

فردا قبل از طلوع خواست حرکت کند. ولی میزبان از مصاحبت میهمان صرفنظر ننمود. به هر زبانی بود او را به ناهار دعوت کرد و اسباب راحت را از هر جهت فراهم نمود. خلاصه سه شبانه روز شیخ به اصرار میزبان توقف کرد.

آخر الامر تصمیم رفتن گرفت. میزبان قاطر را مهیّا نموده و با کمال احترام رکاب شیخ ر اگرفت و بر استر سوار کرد. زمام آنرا محکم نگاه داشت و یک پاکت به شیخ تسلیم کرد. میهمان تصوّر کرد یک تقدیمی به عنوان توشه راه است. گفت دیگر این پاکت برای چیست؟ میزبان جواب داد این صورتحساب شماست. میهمان پرسید: چه حسابی؟ میزبان از غلاف ریا بیرون آمد و نقاب تزویر را از رخ بر افکند. پیشانی را در هم کشید و عبوس کرد. گفت پس این‌ها که خوردی مفت بود؟ شیخ قدری به هوش آمد. پاکت را گُشود. دید درا ین ورقه قیمت آن‌چه خورده و نخورده صد برابر آن را به حساب آورده است. شیخ بیچاره چنین پولی نداشت. نا چار پیاده شد و زمام قاطر را به انضمام خورجین و تمام اسباب سفر به دست میزبان تسلیم کرد. پیاده به راه افتاد و دم به دم سجده شکر به جا می‌آورد که الحمدالله ریاضت شش ساله من به هدر نرفت و آنچه از قیافه این مرد دیدم درست و صحیح بود.

ـ دکتر یونس افروخته

بخش- د

سه داستان اخلاقی

شماره ۸۵ تا ۸۷

۸۵ ـ طوطی سخنگو

یکی از رسوم آن هائی که به زیارت مکّه می رفتند آن بود که بایستی تمام فامیل و اشخاصی که آن ها می شناختند و آشنا بودند از شخص مسافرکدورتی نداشته باشند. به اصطلاح قدیم می گفتند مسافر مکّه بایستی از همه فامیل و دوستان حلالی بطلبد. وقتی شخصی تصمیم به زیارت مکّه می گرفت از ماهها قبل شروع به دیدن فامیل و دوستان می نمود تا از همه آنها حلالی بطلبد.

یک بار، چند روز مانده به آخر ترتیبات سفر، زائری در یک صبح ملایم بهاری که مشغول غذا دادن طوطی در قفس بود ناگهان طوطی به صدا در آمد و گفت آقا، آقا حالا که می خواهی به مکّه بروی بایستی از من هم حلالی بطلبی، من هم باید از تو راضی باشم. مسافر گفت: خوب، مرا حلال کن. طوطی جواب داد: چه طور می توانم تو را حلال کنم؟ مدتهاست مرا در این قفس زندانی کرده ای و راه به خارج ندارم. همه طوطی های دیگر آزاد هستند و به هر کجا می خواهند پرواز می کنند. من اسیر این قفس کوچک هستم. اگر می خواهی تو را حلال کنم مرا از این قفس آزاد کن. مسافر جواب داد: آخر من برای خرید تو پول فراوانی داده‌ام. تو را آسان به دست نیاورده ام که آسان رها کنم. طوطی جواب داد درست است. امّا من سه پند مهّم به تو می دهم که در این مسافرت طولانی خیلی می توانی از این پند ها استفاده کنی . این سه پند و نصیحت بیش از قیمتی که برای خرید من داده ای ارزش دارد.

مسا فر گفت قبول است بگو آن سه پند چه می باشد. طوطی گفت من شرطی دارم. پند اول را وقتی می گویم که در بیرون قفس و روی دست شما باشم. پند دوم را وقتی می گویم که برروی شاخه ای از درخت کوچکی که در حیاط شما می باشد مستقر گردم. پند سوم را وقتی می گویم که به بالاترین شاخه درخت گوشه حیاط پریده باشم.

مسافر فکر کرد که در هر صورت بایستی از طوطی حلالی خواست و الاّ سفر مکّه درست نخواهد بود. شرایط را قبول نمود. درب قفس را باز کرد و طوطی را روی دست خود قرار داد.

طوطی به سخن آمد و گفت پند اول آنست که بر گذشته هیچ وقت حسرت نخور، زیرا گذشته رفته و دیگر بر نمی گردد. از آن پند بگیر و در آینده از تجربه گذشته استفاده کن. مثلاً تو به شهری می رسی و تصمیم می گیری کلاهی بخری. قیمت آن به نظرت گران می آید و فکر می کنی در شهر بعدی در حال مسافرت کلاه بهتر و ارزان تری پیدا می کنی. متاسفانه درشهر دوم

قیمت بسی گرانتر است . غصّه به خودت راه نده و غم مخور که چرا درشهر قبلی دیروز کلاه نخریدم . گذشته، گذشته و دیگر بر نمی گردد.

مسافر طوطی را از مشت خود رها کرد و طوطی بر روی شاخه درختی کوتاه بنشست. گفت حالا نوبت پند دوم است. آن این است که هیچ وقت حرف محال را قبول نکن. هر کس هر چه به تو گفت با عقل و فراست خودت در باره آن فکر کن. اگر عقل تو قبول کرد باور کن و الاّ آن را نشنیده بگیر. مثلاً د رمسافرت کسی به تو خواهد گفت اگر از این مسیر به طرف مکّه بروی در راه اژدهائی خواهی دید که صدها متر طول و کلفتی دارد و منتظر خوردن مسافرین راه مکّه هست. یا اگر گفتند در شهری فلان پادشاه زندگی می کند که با دست خودش ابرها را پس و پیش می کند با عقل خودت مقایسه بکن . آنچه را عقل خودت قبول می کند باور کن. پس از دادن پند دوم به سوی بلندترین شاخه درخت کاجی که در گوشه حیاط مسافربود پرید و در آنجا نشست .

مسافر تقاضا نمود که پند سوم را بگوید. طوطی گفت حقیقت این است که من نان و نمک تو را خورده ام و بایستی حق دوستی را انجام بدهم. علیهذا، قبل از پند سوم بایستی سرگذشت خودم را برایت بگویم. یادت می آید مرا در کجا و از که خریدی ؟ اگر یادت رفته من به یادت می آورم . تو مرا از یک کاکا سیاه پشت خانه حاکم شهر خریدی ولی نفهمیدی من در دست کاکا سیاه چه کار می کردم. بله، من قبلاً در دست دختر حاکم بودم. او مرا خیلی دوست داشت. اصلاً آزاد بودم . در قفس نبودم . هر جا او می رفت مر ابا خودش می برد و همیشه جای من روی شانه های دختر حاکم بود. غذا با او می خوردم، پهلوی رختخواب او جای من بود، با صدای آواز من او از خواب بیدار می شد.

یک روز کسی جز دختر حاکم و کلفت او در منزل نبود. دختر حاکم هوس کرد در حوض خانه آب تنی کند و وقتی می خواست داخل حوض شود انگشتر ۵۰ قیراطی برلیان خودش را در آورده و روی پاشوره حوض گذاشت. آفتاب خوبی هم بود. این برلیان بزرگ انعکاس خیلی روشنی داشت و برق می‌زد. من هوس کردم با آن بازی کنم و بدون آنکه بفهمم با نوک زدن یک دفعه داخل چینه دان من شد. این با لا آمدن گلوی من به همان علّت است. ناگهان کلفت دختر حاکم مرا دید که انگشتر را فرو داده ام. فریاد زد: خانم، طوطی انگشتر را خورد. اگر فوراً سر او را نزنیم و انگشتر را در نیاوریم برلیان ۵۰ قیراطی شما از بین خواهد رفت. به طرف من حمله نمود که مرا بگیرد. من هم از ترس شروع به پرواز نمودم. امّا چون مدتی بود پرواز نکرده بودم روی سر دیوار باغ حاکم خسته و مانده به آن طرف دیوار پرت شدم. در این حال کاکا سیاهی از

آنجا می گذشت و مرا گرفت و در دستش بودم که شما رسیدید و مرا خریدید. هنوز این انگشتر ۵۰ قیراطی در چینه دان من باقی است. من از وفاداری به شما داستان خودم را گفتم .

مسافر پس از شنیدن داستان خیلی ناراحت شد و شروع به داد و فریاد و گریه زاری نمود که ای طوطی، کلاه سر من گذاشتی و ثروت به این بزرگی را از من ربودی و حالا جائی هستی که دستم به تو نمی رسد. چه اشتباهی کردم. چه کلاهی سرم رفت.

پس از مدتی گریه و داد و بیداد گفت حالا مطابق قولی که داده ای پند سوم ر ابگو. طوطی خوش سخن لحظه ای مکث کرد و گفت تو لایق نیستی که من پند سوم را بگویم. زیرا همین الساعه به دو پند قبلی من عمل نکردی. اولاً به تو گفتم که بر گذشته حسرت مخور. من که از دست تو رفته ام و در بالای این درخت نشسته ام. دیگر نمی توانی مرا به دست آوری . پس چرا غصّه می خوری و داد و بیداد می کنی؟ امّا در پند دوم گفتم حرف محال را قبول نکن. تو توجّه ننمودی. وزن کامل من از ۲۰ الی ۳۰ قیراط بیشتر نیست. چه طور ممکن است ۵۰ قیراط برلیان در گلوی من باشد. تو بدون توجه و قیاس به عقل، حرف مرا باور کردی. اصلاً داستان من تماماً ساختگی و جهت امتحان تو بود. تو لایق شنیدن پند سوم من نیستی. فوراً پرکشید و به طرف جنگل پرواز نمود و مسافر را غمگین و حسرت زده در خانه تنها گذاشت.

۸۶ ـ لقمان ابن منذر

قبل از ظهور اسلام در قسمتی از عربستان پادشاهی سلطنت می‌کرد به نام لقمان ابن منذر، که پادشاهی با عدل و انصاف بود. ولی شبی شراب فراوان خورد و در حال مستی و بی خبری فرمان قتل دو تن از وزراء خود را که از بهترین مشاورین او بودند داد.

فرمان بلافاصله اجراء شد و هر دو وزیر را گردن زدند. فردا صبح، وقتی به هوش آمد و سراغ وزراء را گرفت. درباریان به او گفتند به فرمان شما دیشت هردو را کشتیم. شاه بسیار ناراحت و غصّه دار گردید. ولی کار از کار گذشته بود و جبران مافات غیر ممکن.

چون بسیار به این دو وزیر علاقه داشت دستور داد دو مقبره با فاصله کمی از هم بسازند و به یادگار این حادثه دو روز را در سال به نام روز خوشی و سعادت و روز بدبختی نام گذاری نمایند. هر سال پادشاه در این دو روز در تختی که بین دو مقبره بنا نموده بود می نشست و در روز خوشی هر مسافری که از دروازه شهر وارد می شد مورد لطف و عنایت او قرار می‌گرفت و از دست شاه هدایای فراوانی دریافت می‌کرد و شادو خرّم به شهر وارد می شد. ولی اگر کسی در روز بدبختی وارد شهر می شد او را اسیر می‌کردند و به فرمان شاه کشته می شد.

این رسم سالهای متمادی بر قرار بود و تغییری نمی کرد.

روزی پادشاه با درباریان خود به شکار رفت. از دور گورخری را مشاهده نمود و برای شکار گورخر اسب را به سرعت براند، به طوری‌که از همراهان جدا شد. کم کم هوا تاریک شد و شب رسید. شاه سرگردان و تنها در بیابان بماند و مایوس و ناراحت بود.

ناگهان خیمه ای از دور بدید و به طرف خیمه اسب براند. در این خیمه زن و شوهر فقیری زندگانی می کردند. شاه وقتی به در خیمه رسید با صدای بلند فریاد زد میهمان می خواهید؟ حنظله که صاحب خیمه‌بود بیرون آمد و با مهربانی و عطوفت، لقمان را به داخل خیمه هدایت نمود. به زنش گفت از لباس و قیافه این شخص پیداست که شخص بسیار محترمی است و شخصی است بزرگ که مهمان ما شده است. ما یک گوسفند بیشتر نداریم. آن را بکش و من‌هم در جوالم کمی آرد دارم. با آن غذای خوبی تهیه می‌کنیم و تا نان پخته شود گوسفند هم حاضر خوهد شد.

آن شب لقمان مهمان آنها بود. در همان چادر هم خوابید. ولی چون صبح شد، در موقع خداحافظی، لقمان خود را معرفی نمود. گفت من پادشاه هستم و مخصوصاً دیشب چیزی نگفتم تا ببینم تو با مهمانها چطور رفتار می کنی. حالا فهمیدم که تو شخص بسیار خوب و آدم خیّری هستی. از حالا به بعد هر موقع احتیاجی پیدا کردی و چیزی خواستی به من مراجعه کن تا جبران این همه محبّت تو را بکنم. سپس لقمان رفت تا همراهان خود را پیدا کند.

مدّتی از این ماجرا گذشت تا سال قحطی شد. قحطی سختی در مملکت رویداد. حنظله سخت محتاج شد و به فکرش رسید نظر به سفارش پادشاه حالا بهترین موقع است که به شهر برود و از شاه کمک بخواهد. پس به طرف شهر حرکت نمود.

از قضای روزگار، روز سختی و بدبختی وارد شهر شد. شاه مطابق معمول در تخت بین دو مقبره جالس بود. تا چشمش به حنظله افتاد بسیار ناراحت و غمگین گردید. به حنظله گفت این چه روزی است که تو به شهر آمده ای؟ مگر نمی دانی که اگر چشمم به عزیزترین فرد خانواده ام، حتی پسرم هم بیفتد فرمان مرگ او را صادر می کنم؟ حنظله جواب داد: از روز سختی و از روز خوشی بی خبر بودم. حالا که بایستی طبق دستور شما کشته شوم اجازه بدهید به ده برگردم و ترتیب کار و زندگانی زنم را بدهم و سال دیگر در همین روز برخواهم گشت، آنوقت مرا بکشید.

شاه خوشحال شد ولی برای آن که رسم از بین نرود و قراری که گذاشته به هم نخورد گفت من ضمانت می خواهم . در صورتی که تو برنگردی، ضامن تو بایستی کشته شود. حنظله با ناامیدی و چشمان اشکبار به اطراف نگاه کرد. هیچ کس را ندید که حاضر باشد او را ضمانت بکند. از هر کس خواهش کرد جواب رد شنید. تا آن که شخصی پیر، به نام مراد، دلش برای حنظله سوخت و ضامن او شد. شاه با شادی فراوان تعدادی شتر و مقداری پول و آذوقه و غذا و لباس به حنظله داد و او را روانه ده خودش نمود.

یکسال گذشت و مجدداً روز سختی آمد. شاه بر تخت نشست و دستور داد مراد را حاضر کنند تا دستور قتل او را بدهد. زیر دستان شاه گفتند بایستی تا غروب آفتاب صبر کنیم و اگر غروب حنظله پیدا نشد آن وقت مراد را بکشیم. پس از آن که غروب نزدیک گردید مراد را دست بسته آوردند تا او را بکشند.

ناگهان از دور، در صحرا، گرد و غباری نمایان گردید. همراهان شاه گفتند دست نگاه دارید تا معلوم شود چه کسی می‌آید. ملاحظه نمودند که سواری با سرعت نزدیک می شود. دیدند که حنظله است .

پادشاه از دیدن حنظله ناراحت شد و گفت ای نادان تو را یک‌دفعه نجات دادم. چرا دو مرتبه برگشتی؟ چرا خودت را برای کشتن آماده کردی؟ حنظله جواب داد: پادشاها، من می‌دانم که کشته می شوم امّا من به شما قول داده بودم که برگردم. بایستی به قولی که داده‌ام وفا کنم. وفای به عهد لازمه شخص با ایمان است.

پادشاه و درباریان از این حرف بسیار تعجب کردند. پادشاه سبب وفای به عهد را ، ولو به قیمت جان تمام شود، از او پرسید. گفت تو جانت را به خطر انداختی که قولت ر اوفا کنی؟ حنظله گفت ما به مسیح ایمان آوردیم و از دستورات مسیح یکی هم وفای به عهد است. او به ما یاد داده است که هر چه را قول بدهیم انجام بدهیم .

پادشاه خواست بیشتر از دستورات مسیح مطلع شود. گفت از تعالیم مسیح برای ما صحبت کن. حنظله هم برای شاه و اطرافیانش از تعالیم حضرت مسیح بیان کرد و شرح و بسط داد که این تعالیم برای رفاه و آسایش و یگانگی افراد بشر است. این صحبت ها و تعالیم چنان در پادشاه و درباریان و اطرافیان تاثیر نمود که بلافاصله همه به حضرت مسیح ایمان آوردند. روز بعد پادشاه دستور داد که هر دو مقبره را خراب کردند و روز سختی و روز خوشی را ممنوع کرد. از آن تاریخ با کمال عدالت و صلح جوئی و رافت و مهربانی در مملکت سلطنت نمود.

۸۷ ـ عشق پاک

این حکایت را در ایام جوانی، در کتابی خوانده و در خاطرم مانده است.
در اواخر سال ۱۹۰۰ میلادی زن و مرد جوانی در شیکاگو عروسی کردند. در خانه بسیار کوچکی
که اجاره کرده بودند و وسائل بسیار مختصری داشت با نهایت محبّت و صفا و یگانگی زندگی
می‌کردند. زندگی فقیرانه آنها پر از عشق و صمیمیت بود.

مرد جوان در کارخانه کوچکی با حقوق مختصری کار می کرد. خانم جوان او به کارهای خانه و
زندگی رسیدگی می کرد. آنقدر داشتند که زندگانی بسیار ساده ولی پر از عشق داشته باشند.
مرد از حقوق ماهانه چند دلاری برای رفت و برگشت به کارخانه بر می داشت و بقیه را تحویل
همسر عزیزش می‌داد. زن در نهایت صرفه جوئی خانه را اداره می کرد.

زن صورتی مهربان و چشم های پر از شعله عشق داشت. موهای بسیار بلندی داشت که تا زیر
شانه های او را می پوشانید. این موهای زیبا مایه فخر و غرور او بود. مرد هم از مال دنیا فقط یک
ساعت بغلی داشت که از پدرش به ارث برده بود. ولی ساعت بند بسیار فقیرانه و زشتی داشت .
اگر کسی از او وقت را می پرسید، او آهسته به طوری که بند ساعت دیده نشود، ساعت را از
جیب خود بیرون می آورد و زمان را به طرف می گفت. آرزو داشت روزی بتواند بند نقره قشنگی
برای ساعتش بخرد.

از چند ماه قبل از کریسمس زن در فکر بود که کادوئی برای کریسمس شوهرش بخرد. با زحمت
زیاد شروع پس انداز نمود. تا روز قبل از کریسمس فقط توانست دو و نیم دلار پس انداز کند.
بند ساعتی که چند روز قبل پشت شیشه مغازه خیابان مجاور دیده بود حدود دوازده دلار قیمت
داشت.

روز قبل از کریسمس، پس از آنکه شوهرش به سر کار رفت، به خیابان رفت و جلوی یک سلمانی
بزرگ ایستاد و اعلانی دید که خریدار موی طبیعی بلند بودند. داخل مغازه شد و موهای بلند و
برّاق خود را نشان داد که مورد پسند قرار گرفت. حاضر شدند به مبلغ دوازده دلار آن را بخرند.
زن که موهای خود را بسیار دوست داشت به خاطر شوهرش آن را به دوازده دلار فروخت.
سلمانی آن را قطع کرد و زن با دوازده دلاری که داشت بند ساعت قشنگ را برای شوهرش
خرید. با بقیه پولش روسری قشنگی برای خودش خرید و قسمتی را هم برای تهیه شام شب
کریسمس گوشت و سیب زمینی و قهوه خرید.

با یکدنیا سرور و خوشحالی به خانه برگشت و با حاضر کردن شام و قهوه و بستن روسری به سرش برای دیدن شوهر عزیزش دقیقه شماری می‌کرد. به محض آن که شوهرش در زد، درب را باز کرد و با بشاشت تمام به استقبالش شتافت. او را به سر میز شام که حاضر بود و قهوه گرم هم روی آن بود دعوت کرد.

پس از نشستن سر میز فوراً از جیبش جعبه کوچکی را در آورد که در آن بند ساعت طلائی که خریده بود قرار داشت. گفت شوهر بسیار عزیزم مدتها بود که این بند ساعت را در ویترین مغازه دیده بودم و آرزو داشتم آن را برای ساعت تو خریداری کنم و امروز آن را خریدم. زود ساعتت را بده که .بند آنرا عوض کنم .

شوهر با نگاهی پر از غم و مایوسانه و پر از اشک به او نگاه کرد و گفت: عزیز دلم مدتها بود که در پشت ویترین یک مغازه در راه کارخانه که می رفتم یک سنجاق سر طلای بسیار قشنگ دیده بودم و آرزو داشتم که آن را برای تو بخرم. روزها پیاده به سرِ کار می رفتم و بر می گشتم تا پول اتوبوس را صرفه جوئی کنم و بتوانم سنجاق طلا را برای تو بخرم. امروز صبح که مراجعه کردم دیدم قیمت آن بیش از پس انداز جزئی من بود. علیهذا، ساعت خود را به او فروختم و این سنجاق طلا را برای موهای قشنگ و زیبای تو خریداری نموده‌ام. از جیبش سنجاق را بیرون آورد. سنجاق در دست شوهر و بند ساعت در دست زن بود و هر دو به هم نگاه می کردند. چه حالی داشتند و چه اشکهائی ریختند. چه ذوق و چه شوقی داشتند ولی نه زن مو داشت که سنجاق را به آن بزند و نه مرد ساعتی داشت که بند را به آن وصل کند. امّا آن چه هر دو داشتند محبّت و صفا و عشقی بود که قلب های هر دو را پر از شادی و کانون گرم آن ها را پر از امید و سرور گردانید.

NOTES

NOTES

NOTES

NOTES